创新能力与区域经济增长质量

INNOVATION ABILITY AND QUALITY OF
REGIONAL ECONOMIC GROWTH

张春红 著

企业管理出版社
ENTERPRISE MANAGEMENT PUBLISHING HOUSE

图书在版编目（CIP）数据

创新能力与区域经济增长质量 / 张春红著 . —北京：企业管理出版社，2024.6 —ISBN 978-7-5164-3090-3

Ⅰ . F127

中国国家版本馆 CIP 数据核字第 2024UA7191 号

书　　名：	创新能力与区域经济增长质量
书　　号：	ISBN 978-7-5164-3090-3
作　　者：	张春红
策划编辑：	侯春霞
责任编辑：	侯春霞
出版发行：	企业管理出版社
经　　销：	新华书店
地　　址：	北京市海淀区紫竹院南路 17 号　　邮编：100048
网　　址：	http：//www.emph.cn　　电子信箱：pingyaohouchunxia@163.com
电　　话：	编辑部 18501123296　　发行部（010）68701816
印　　刷：	北京厚诚则铭印刷科技有限公司
版　　次：	2024 年 6 月第 1 版
印　　次：	2024 年 6 月第 1 次印刷
开　　本：	710mm×1000mm　　1/16
印　　张：	12.5 印张
字　　数：	178 千字
定　　价：	69.00 元

版权所有　　翻印必究・印装有误　　负责调换

前　言

自1978年改革开放以来，中国的经济增长取得了举世瞩目的成就，中国经济总量在世界上的名次不断提升。但是这种高速增长主要依靠增加生产要素投入来实现，伴随着资源消耗和环境污染。2013年9月7日，习近平主席在哈萨克斯坦纳扎尔巴耶夫大学发表演讲，谈到环境保护问题时指出："我们既要绿水青山，也要金山银山。宁要绿水青山，不要金山银山，而且绿水青山就是金山银山。"这一重要发展理念无疑体现了中国未来经济增长与环境保护协调发展的重要性。中国要实现可持续发展，就必须由粗放的经济发展模式向集约发展模式转变，从"中国制造""加工基地"向"中国创造""创新基地"转变，而实现转变的根本就是进行创新。为此，党的十八大提出实施创新驱动发展战略；党的十九大提出创新是引领发展的第一动力，应加快建设创新型国家；党的二十大强调要坚持创新在我国现代化建设全局中的核心地位。近年来，习近平总书记也多次强调要更加注重创新驱动。在这一背景下，各省份正试图走出一条主要依靠提高区域创新能力，通过促进科技进步提高要素生产率对经济增长的贡献率，进而促进高质量发展的新路。

目前，通过创新提升经济增长质量已成为全社会的共识，很多学者基于不同的视角对该问题进行了研究，并得出了许多可供借鉴的结论。然而，也存在一些问题，尤其是实证研究结果差异较大。究其原因，我们发现有以下几点：一是不同学者对创新能力内涵的认识存在较大的分歧，这直接导致了

创新能力与区域经济增长质量

他们对创新能力的评价方法和指标选取千差万别，因而实证研究结果的差异也较大；二是不同学者对经济增长质量内涵的认识同样存在较大的分歧，这直接导致了他们对经济增长质量的评价方法和指标选取同样存在一定的差异；三是对创新驱动对经济增长质量的传导路径缺乏全面深入的认识，导致某些文献对如何提升区域创新能力，以及如何通过提升区域创新能力来促进经济增长质量的提高所提的政策建议缺乏针对性。

鉴于此，本书拟在中国经济由高速增长转向高质量发展的背景下，结合国家实施创新驱动发展战略和全面提升经济增长质量的现实需要，对区域创新能力的内涵和评价方法、经济增长质量的内涵及其正确的评价方法，以及如何通过提升区域创新能力来促进经济增长质量的提高，做一个系统的考察。考虑到创新要素可能在地区间流动，技术也可能通过投资、贸易等渠道在研发主体（如公司总部）与其他主体（如控股子公司）之间、发达地区与落后地区之间形成事实上的"扩散"，因而区域创新能力可能存在一定的空间溢出效应。本书对区域创新能力与经济增长质量关系的实证研究，将在考察各自的时空演化格局的基础上展开。但是，现有的很多文献在采用单一指标衡量区域经济增长质量时，直接采用绿色全要素生产率指数，我们认为这样做是欠妥的。因为这个指标仅能反映某个地区的绿色全要素生产率提升得快还是慢，仍会导致"鞭打快牛"的问题。正确的做法应该是计算"绿色全要素生产率对经济增长的贡献份额"，再进行横向或纵向对比。换言之，"绿色全要素生产率对经济增长的贡献份额"才是通过单一指标评价经济增长质量时的恰当指标。因此，本书在考察各省份的经济增长质量时，将采用这一做法。同时，也正因为区域创新能力可能存在一定的空间溢出效应，基于创新驱动的各地区经济增长质量也可能存在一定的收敛性。如果这一收敛性确实存在，那么从长期来看各地区在经济增长质量上的差距将会缩小。但这可能取决于政策、区域创新能力的实际溢出情况等很多因素。所以，本书还将实证检验绿色全要素生产率的收敛性以及区域创新能力对其产生的影响，为更好地通过提升区域创新能力来缩小各地区的经济增长质量差距提供政策依据。此外，考虑到区域创新能力与经济增长质量的关系可能是非线性的，或者存在某种临界水平，本书还将采用门限回归模型实证检验区域创新能力对绿色全要素生产率的非线性影响，并基于相关的分析结论提出政策建议。

本书正是按照上述研究思路展开的，共包括八章内容。第一章是导论。这一章主要介绍了本书的选题背景和意义，考察了目前的研究状况及存在的不足和有待研究的问题，然后概述了本书的研究思路，总结了本书的创新点与不足之处。第二章是创新能力与经济增长质量相关理论基础。这一章主要介绍了一些经典作家对创新与经济增长关系的相关论述，以便更好地把握创新能力与经济增长质量的内涵，为区域创新能力综合评价指标体系的构建、经济增长质量指标的选取以及区域创新能力对经济增长质量传导机制的实证分析奠定坚实的理论基础。第三章是区域创新能力的评价分析。如何正确评价区域创新能力是本书的关键。这一章在充分理解区域创新能力相关理论的基础上，首先构建了一套全面可比较的区域创新能力评价指标体系，然后综合评价了21世纪以来中国各省份的创新能力，并分析了各省份2000—2017年创新能力的时空演变过程。第四章是区域经济增长质量的测度分析。这一章在充分理解区域经济增长质量相关理论的基础上，首先选取绿色全要素生产率对经济增长的贡献份额作为经济增长质量的衡量指标，然后分析了各省份2001—2017年绿色全要素生产率指数与区域经济增长质量的时空演变过程。第五章是创新能力对绿色全要素生产率收敛性的影响分析。结合相关文献研究以及第三章区域创新能力的评价分析，区域创新能力可能存在空间相关性，也即创新能力高的地区有可能通过人才流动、投资和贸易等方式促进周边地区的技术提升和产业结构调整，进一步优化资源配置，提高周边地区的绿色全要素生产率，缩小相邻区域间的差异，进而促进经济增长质量也呈现出某种收敛性。因此，本章首先根据新古典经济增长理论的收敛性假说检验了各地区绿色全要素生产率绝对收敛和条件收敛的存在性，并用普通面板回归模型检验了区域创新能力对绿色全要素生产率收敛性的影响，然后进一步考虑空间相关性，用空间面板回归模型再次检验了区域创新能力对绿色全要素生产率收敛性的影响。第六章是创新能力对绿色全要素生产率的空间溢出效应分析。前面的章节证实了东部地区的创新能力显著促进了绿色全要素生产率的增长，在此基础上，为了进一步检验东部各省份创新能力对绿色全要素生产率的影响是否存在一定的空间溢出效应，这一章使用空间杜宾模型识别了东部各省份创新能力对绿色全要素生产率的直接效应、间接效应和总效应。第七章是创新能力对绿色全要素生产率的非线性影响分析。鉴于前文构建的分析区域创新能力与绿色全要素生产率之间关系的线性回归模型中，除东部地区之外，全国及其他地区创新能力的回归系数都没有通过显著性检验，我们猜测原因可能是创新能力对绿色全要素生产率的影响存在门限效应，因此这一章进一步对此进行了实证检验。第八章是结论与政策启示。首先总结了本书的主要研究结论，然后就如何通过提升区域创新能力来促进区域经济增长质量的提高提出了政策建议。

目 录

第一章 导论 ………………………………………………………… 1
  第一节 选题背景与选题意义 ………………………………… 1
    一、选题背景 ……………………………………………… 1
    二、选题意义 ……………………………………………… 3
  第二节 相关文献综述 ………………………………………… 4
    一、创新文献综述 ………………………………………… 4
    二、经济增长质量文献综述 ……………………………… 11
    三、创新与经济增长质量的关系文献综述 ……………… 16
    四、经济增长质量与经济高质量发展的关系文献综述 … 20
  第三节 研究思路 ……………………………………………… 21
  第四节 创新点与不足 ………………………………………… 22
    一、创新点 ………………………………………………… 22
    二、不足 …………………………………………………… 23

第二章 创新能力与经济增长质量相关理论基础 ……………… 25
  第一节 创新的概念及理论 …………………………………… 25
    一、创新的概念与特征 …………………………………… 25
    二、斯密的创新思想 ……………………………………… 27
    三、马克思的创新思想 …………………………………… 28

  四、熊彼特创新模型 ……………………………………… 28
  五、创新系统理论 ………………………………………… 31
  六、区域创新能力的内涵及提升方法 …………………… 35
 第二节 经济增长理论 ………………………………………… 37
  一、新古典经济增长理论 ………………………………… 37
  二、内生增长理论 ………………………………………… 41
  三、技术扩散模型 ………………………………………… 42
 第三节 经济增长质量与经济发展 …………………………… 44
  一、经济增长质量的内涵和衡量指标 …………………… 44
  二、提高经济增长质量的途径 …………………………… 46
  三、经济增长质量与经济高质量发展的关系 …………… 48
  四、创新能力对区域经济增长质量的传导路径 ………… 49
 第四节 本章小结 ……………………………………………… 52

第三章 区域创新能力的评价分析 ……………………………… 54
 第一节 区域创新能力的评价方法 …………………………… 55
  一、评价指标的无量纲化处理 …………………………… 57
  二、评价指标权重系数的确定 …………………………… 58
 第二节 区域创新能力评价指标体系的构建 ………………… 59
  一、评价指标体系构建的原则 …………………………… 59
  二、评价指标体系的构建及说明 ………………………… 60
 第三节 中国区域创新能力的时空演化格局 ………………… 67
  一、样本选择与数据来源 ………………………………… 67
  二、区域创新能力评价过程及结果 ……………………… 68
  三、区域创新能力的时空演变分析 ……………………… 68
 第四节 本章小结 ……………………………………………… 80

第四章　区域经济增长质量的测度分析 81
第一节　经济增长质量测度指标的选择 81
第二节　绿色全要素生产率的测度方法 83
　　一、方法与模型选择 83
　　二、指标选择与数据说明 85
　　三、测度结果 86
　　四、绿色全要素生产率的时空演变分析 89
第三节　区域经济增长质量的测算及时空演变分析 99
　　一、区域经济增长质量的测算 99
　　二、区域经济增长质量的时空演变分析 101
第四节　本章小结 106

第五章　创新能力对绿色全要素生产率收敛性的影响分析 109
第一节　绿色全要素生产率的绝对收敛性检验 110
　　一、σ 收敛性检验 110
　　二、绝对 β 收敛性检验 113
第二节　绿色全要素生产率的条件收敛性检验 115
　　一、模型简介 115
　　二、主要变量说明与数据来源 115
　　三、实证结果分析 117
第三节　创新能力对绿色全要素生产率条件收敛性的影响分析 119
　　一、创新能力对绿色全要素生产率收敛性的影响：
　　　　基于普通面板回归 120
　　二、创新能力对绿色全要素生产率收敛性的影响：
　　　　基于空间面板回归 122
第四节　本章小结 125

第六章 创新能力对绿色全要素生产率的空间溢出效应分析…… 127
第一节 空间杜宾模型简介 …………………………………… 127
第二节 变量选取及模型选择 ………………………………… 129
　　一、变量选取 ……………………………………………… 129
　　二、空间相关性检验 ……………………………………… 130
　　三、模型选择 ……………………………………………… 131
第三节 实证结果分析 ………………………………………… 132
　　一、空间杜宾模型回归结果 ……………………………… 132
　　二、不同空间权重矩阵下的稳健性检验 ………………… 135
　　三、效应分解：直接效应与间接效应 …………………… 137
第四节 本章小结 ……………………………………………… 140

第七章 创新能力对绿色全要素生产率的非线性影响分析…… 142
第一节 门限回归模型简介 …………………………………… 142
第二节 变量选取及实证检验结果 …………………………… 143
　　一、变量选取 ……………………………………………… 143
　　二、门限效应检验与门限值的确定 ……………………… 144
　　三、门限回归模型的参数估计结果分析 ………………… 144
第三节 本章小结 ……………………………………………… 146

第八章 结论与政策启示………………………………………… 148
第一节 结论 …………………………………………………… 148
　　一、关于区域创新能力的时空演变格局 ………………… 148
　　二、关于区域经济增长质量的时空演变格局 …………… 149
　　三、关于创新能力对绿色全要素生产率收敛性的影响 … 149
　　四、关于创新能力对绿色全要素生产率的空间溢出效应 … 150
　　五、关于创新能力对绿色全要素生产率的非线性影响 …… 150

六、关于控制变量的相关分析结论 …………………… 151
　第二节　政策启示 ………………………………………… 151
附录……………………………………………………………… 156
参考文献………………………………………………………… 159
后记……………………………………………………………… 186

第一章 导论

第一节 选题背景与选题意义

一、选题背景

1. 国际背景

18世纪以来，全球先后发生了三次工业革命，给人类带来了空前的繁荣，但同时也使人类付出了惨烈的代价：伴随着能源和资源的巨大消耗，人类付出了巨大的生态、环境代价。全球性的资源能源危机、生态环境危机、气候变化危机以及人地关系的矛盾等使人类面临着空前的挑战。2013年，在德国举行的汉诺威工业博览会上，"工业4.0"的概念受到关注，并且此次工业博览会负责人柯克勒认为"工业4.0"已经成为核心题目，由此，以人工智能、量子信息技术、5G、清洁能源、生物医药等为突破口的第四次工业革命已经悄然到来。第四次工业革命是一次全新的革命，它是一场不以凭借大量资源能源和低要素成本为优势的革命，它是一场"绿色革命"，其实质是

创新能力与区域经济增长质量

大幅度提高资源的生产效率,减少污染的排放,真正实现"绿色经济"。中国要实现建成现代化国家的战略要求,就必须充分利用第四次工业革命带来的契机,必须大力获得竞争优势、发挥竞争优势,而要实现这一目标的关键和根本就是——创新。

与此同时,新时代经济全球化也面临新的挑战。经济全球化是当今世界的发展趋势和不可逆转的潮流。经济全球化的本质是使各种生产要素和资源更加合理、有效地配置和利用。经济全球化有利于资本和技术等生产要素的转移和加速流动,使各个国家最大限度地发挥本国的比较优势,实现产品的规模效应,从而使国际分工更加深化;有利于促进世界经济结构的优化,尤其是发展中国家可以利用"后发优势"积极投入到国际竞争中来。但是,经济全球化在为人们不断创造更多的可能性和机会的同时,也带来了众多弊端。外资的大量进入,有可能引发国际性的金融危机;给民族工业和民族资本带来冲击,使发展中国家的经济转型、生态环境以及可持续发展面临严峻的考验;加速了全球经济发展的不平衡,尤其是发达国家和发展中国家的差距在扩大;在一定程度上损害了落后国家的经济主权。我们必须积极应对当前国际经济环境的不利变化,改变中国经济对外部的依赖性和不可持续性,改变传统的"加工出口"的发展模式,全面推进创新改革,不断发展和壮大自己。从这个角度来看,全面创新、自主创新才是应对新时代经济全球化发展潮流的战略举措。

2. 国内背景

从1978年改革开放以来,中国的经济增长取得了举世瞩目的成就,中国经济总量在世界上的名次不断提升,从2010年至今中国一直是世界第二大经济体。但是这种经济的高速发展是由"人口红利"换来的,而随着人口结构发生根本变化,中国逐渐甚至已经进入到"刘易斯拐点"阶段,这种"人口红利"所带来的经济高速发展也将慢慢减弱甚至是消失。另外,这种高速发展也消耗了大量的资源,对环境造成了一定破坏。常修泽(2009)认为，透支资产困于当前，透支资源危及长远。习近平总书记提出的"既要绿水青山，也要金山银山"也正好说明了新时期中国发展所面临的挑战。党的十七大提出，要提高自主创新能力，建设创新型国家。这是国家发展战略的核心，是提高综合国力的关键。党的十八大提出，要大幅提升科技进步对经济增长的贡献率，使我国进入创新型国家行列。党的十九大提出，我国经济已由高速增长阶段转向高质量发展阶段。这就要求我们加快建设创新型国家，因为创新才是经济发展的最强动力。党的十九大报告和二十大报告都已明确指出，到2035年中国的生态环境要得到根本好转，美丽中国的目标要基本实现。这无疑需要转变依赖高投入、加工出口和低要素生产率的经济增长模式。中国要实现可持续发展，就必须由粗放的经济发展模式向集约发展模式转变，从"中国制造""加工基地"向"中国创造""创新基地"转变，而实现转变的根本就是进行创新。

鉴于此，本书拟对各省份创新能力的现状及创新能力与区域经济增长质量的关系做一个系统的研究，为更好地实施创新驱动发展战略和高质量发展战略探寻可行的路径。

二、选题意义

随着创新驱动发展战略、高质量发展战略的相继提出，区域创新对经济增长质量的驱动作用已成为现阶段的重要议题。本书拟在梳理创新及经济增长质量相关研究的基础上，对中国各省份的创新能力进行测度分析，并基于绿色全要素生产率构建恰当的指标对各省份的经济增长质量做出客观的评价，这有助于政策制定者全面了解中国的区域创新能力和经济增长质量的水平及区域差异。另外，本书还将分析创新能力对经济增长质量的核心即绿色全要素生产率的影响，这对政府制定有效的创新驱动政策也有直接的参考价值，以促进经济增长质量的提升，既保证中国经济健康稳定增长，又促进生态环境改善。

本书的理论意义在于，将尝试通过理论分析和实证检验，对区域创新能力对经济增长质量的作用机制做出系统的解释。其中，理论分析将建立在系统梳理经典作家对创新的不同研究视角及相关论述的基础上；实证检验包括如何基于绿色全要素生产率构建恰当的指标对经济增长质量做出客观评价、区域创新能力对绿色全要素生产率的收敛性产生了怎样的影响、区域创新能力对绿色全要素生产率是否存在一定的空间溢出效应及门限效应等。这些理论方面的探索和实证检验，有助于丰富人们对创新驱动发展战略与经济增长质量的提升及经济高质量发展之间关系的认识，为相关研究提供理论支持和经验依据。

第二节　相关文献综述

创新与经济增长一直是国内外学者研究的重点，下面的文献综述主要包括四个方面：一是创新文献综述；二是经济增长质量文献综述；三是创新与经济增长质量的关系文献综述；四是经济增长质量与经济高质量发展的关系文献综述。

一、创新文献综述

1. 创新能力测度相关文献综述

创新能力是一个抽象的概念，选取科学、全面、客观的评价指标来测度创新能力，是开展相关研究的基础。国内外学者对创新能力的测度方法主要有两类：单一指标法和综合评价指标体系法。

国际上最常用的单一指标主要是 R&D 强度和专利。比如，1999 年，OECD（经济合作与发展组织）用 R&D 支出/销售额来衡量一个企业的创新能力，用行业的 R&D 支出/总产出来衡量一个行业的创新能力，用国家 R&D 总支出/GDP 来衡量一个国家的创新能力。R&D 强度大，说明非常重视技术进步和知识创造。自 2001 年起，OECD 在 R&D 指标里加入了"获得的技术"，将生产过程中使用的资本和中间商品包含的 R&D 作为 R&D 强度的一部分，这种改变与新增长理论的知识外在化观念是一致的（Verspagen，1992）。另外，专利制度是发明者与政府之间签订的公开契约，详细记载一个国家或地区新技术新发明的具体情况，展现技术发明的发展历程，授予发明创新者在规定时间内利用自己的新技术创造经济效益的权利（Inversen，1998）。在所有的单项创新指标里，专利是唯一一个具有几个世纪历史的指标，国际上专利数据的主要来源是美国专利商标局和欧洲专利局，便于学者进行创新方面的研究，比如，Trahtenberg、Henderson 和 Jaffe（1997）使用专利数据分析了地区间的知识溢出效应。国内学者在单一指标的选择上与国外学者基本一致。魏下海（2010）、魏守华等（2010）、曹勇（2012）等采用专利申请数衡量区域创新能力。李健等（2016）直接采用专利申请数和专利授权数来衡量区域创新能力。程开明等（2018）采用每十万人专利申请数衡量区域创新能力。但是，国内外对这些创新能力单一指标的选取均有一定的局限性，比如：R&D 指标只衡量了创新投入部分，对于全面衡量一个国家或地区的创新能力有一定的局限性；专利指标也有一些缺陷，因为从严格意义上来说，专利具体衡量的是发明创造、新技术原理的出现，不包括这些新技术新发明在商业经济上转化的过程，或者说，专利忽略了商业创新部分，所以用专利直接衡量区域创新能力也是不完整的。

关于创新能力的综合评价，Kline 和 Rosenberg（1986）尤其强调了创新不是一个连续有序的过程，而是一个包括知识创造的多种投入相互作用、相互影响的过程。这对后来学者建立创新能力综合指标有重要影响。哈佛大学波特教授和斯特恩教授（Porter 和 Stern，2000）的《创新指标》，从创新基础设施的完善程度、创新集群的环境以及两者之间的相互影响程度三个方面构建指标体系，评估了美国的创新能力。20 世纪 90 年代早期，OECD 制定

创新能力与区域经济增长质量

了一个创新手册,即《奥斯陆手册》,确定了创新领域的基本规则,该手册认为 R&D 只是创新的最初阶段,创新过程和创新扩散过程是密不可分的。自 1995 年起,欧盟委员会协同欧洲统计局以《奥斯陆手册》为依据实施了共同体创新调查(CIS),收集了很多测度创新能力的数据,不仅包括 R&D 投入、非 R&D 投入数据,还包括新产品销售额以及技术协作等相关数据,这些数据被广泛用于国际创新能力的研究,如 Tether(2002)、Van Leeuwen 和 Klomp(2004)、Loof 和 Heshmati(2004)等。2001 年,欧盟正式发布"欧洲成员国创新计分卡",并从创新投入和创新产出两方面建立创新指标体系,衡量成员国的创新能力。世界经济论坛(WEF)在其《2017—2018 年全球竞争力报告》中从基础条件、效能提升和创新成熟度三个层面对各国的创新能力进行了评价。国际上选取的这些创新能力综合指标对后来学者进行创新能力综合评价有较强的借鉴意义。

国内学者也从不同角度构建了创新能力评价体系。中国科技发展战略研究小组在其早期的《中国区域创新能力报告》(2001)中,从五个方面设计指标体系,评价了中国 31 个省份的创新能力和优劣势,并分析了决定各个省份创新能力强弱的影响因素,这五个方面分别是知识创造、知识流动、企业创新、创新环境和创新绩效。甄峰等(2000)从知识创新能力、技术创新能力、管理与制度创新、宏观经济社会环境四个方面选取 47 项具体指标,建立了创新能力综合评价体系。杨代刚(2013)选取 25 个基础指标,涵盖科学研究能力、技术创新能力、知识及技术流动和科技创新环境四个方面,对区域科技创新能力进行评价。汪涛等(2014)梳理了基于不同视角的区域创新能力的概念界定,归纳了国内外关于区域创新能力形成的研究,介绍了区域创新能力差异的比较研究,总结了区域创新能力评价指标的选取以及影响因素。高晓霞等(2014)从区域创新投入、创新产出、创新潜力三个方面构建区域创新能力评价指标体系。魏阙和戴磊(2015)运用层次分析法,从区域创新活动的基础、产业集群环境、地区的创新投入、地区的创新产出四个方面选取 15 个基础指标,构建了吉林省的区域创新能力评价体系。白俊红（2016）从技术创新、产业创新、制度创新、文化创新四个方面评价区域创新能力。李建平等（2018）在《世界创新竞争力发展报告》中构建了一套世界创新竞争力评价指标体系，包括一级指标1项（创新竞争力）、二级指标5项（创新基础竞争力、创新环境竞争力、创新投入竞争力、创新产出竞争力和创新潜力竞争力）、三级指标32项（GDP、人均GDP等），评价分析了世界上有代表性的100个国家2011—2015年的创新竞争力。总体来看，国内学者构建的创新能力综合评价指标体系在创新投入、创新产出以及创新成果等指标上有一定的相似性，也有一定的差别，这主要源于不同的学者研究的路径不同，评价视角会稍有区别。

鉴于区域创新具有复杂的系统属性，单以研发投入或研发产出指标来衡量区域创新不够完整，有明显的局限性。很多学者也认识到这一点，更倾向于采用综合评价指标体系以及知名出版物的综合测评结果。近几年，综合评价指标体系不断修订和完善。与单一指标相比，综合指标比较全面，涵盖了大多数衡量创新的基础指标，但是国内目前存在的综合评价指标体系也有一些缺陷：首先，由于中国各类统计年鉴统计口径的变化，这些指标体系中很多基础指标的数据难以获得，无法对中国各个省份的创新能力进行时空差异分析；其次，这些指标体系有的含有总量指标，导致中国各个省份的创新能力评价结果与实际情况不符。因此，为了解决这些问题带来的干扰，有必要构建新的指标体系来衡量区域创新能力。

2. 创新影响因素文献综述

国内外学者对区域创新能力影响因素的研究，主要集中在R&D经费及人员投入、人力资本、外贸依存度、知识产权保护、创新环境等方面。对多数影响因素的研究结论较为一致，少数也存在差异。

章立军等（2006）认为能够显著影响创新能力的因素有基础设施水平、市场需求、劳动力素质和金融环境。魏守华等（2010）发现创新基础条件和创新效率都会影响区域创新能力，而且我国创新能力区域差距明显，并呈扩大化趋势。Gallie 和 Legros（2012）以法国企业为研究对象，运用多年数据验证发现人力资本及研发投入均能显著促进创新能力的提高。王家庭（2012）研究发现，R&D 资金投入显著促进了区域创新能力的提升，而人力资本量和城镇化水平对区域创新能力的影响不显著。黄志勇（2013）认为国际贸易对创新能力有显著的正效应。Banerjee 和 Roy（2014）利用印度长达 60 年的数据进行分析，也得出人力资本能够正向影响区域创新能力的结论。张玉双（2014）认为对外开放水平对本土创新能力起到了短期促进、长期抑制的作用。白俊红等（2015）研究发现，在协同创新过程中，政府对科技的资助、产学研结合显著促进了区域创新绩效的提升，而金融机构资助却抑制了区域创新绩效的提升。刘思明等（2015）和吴超鹏等（2016）认为强化知识产权保护能够加快我国绝大多数地区工业创新能力的提升。吴晓飞（2016）研究发现，省委书记更替对区域创新能力不存在显著的影响，而省长更替对区域创新能力则存在较为明显的正向影响，地方政府科技补贴强度与区域创新能力之间存在着较为明显的倒 U 型关系。李健等（2016）在知识生产函数的框架下，分析了 FDI 对区域创新能力的溢出效应，证实了人力资本门槛的存在。王超等（2017）发现研发资金投入和劳动力投入对区域创新产出的影响显著，而且研发资金投入会促进专利创新，而研发劳动力投入会抑制专利创新。王晓茜（2018）认为区域内的大学学科水平越高，其创新能力就越强。张春红（2019）发现人力资本和研发投入显著促进了创新能力的提高。潘雄锋等（2019）研究发现，研发经费、研发人员和知识存量都显著地促进了技术创新。

综上可见，国内外学者已经从很多方面用不同的方法分析了创新的影响因素，相关研究比较丰富，也为评价创新能力提供了指标选择参考。

3. 创新效率文献综述

国内有些学者将研究焦点聚集在创新的效率上，大多是以研发资本、研发人员为研发投入，以新产品或者专利为研发产出，测算创新的生产率。师萍等（2011）的研究表明：中国研发创新全要素生产率的增长存在显著的空间差异；不仅存在绝对趋同，还存在显著的条件趋同，而且在东、中、西部均形成俱乐部趋同，并验证发现信息化、利用外资和人力资本显著促进了研发创新全要素生产率的增长。冯宗宪等（2011）发现：政府投入显著抑制了创新活动的规模效率；市场化程度的提高显著促进了创新的技术效率，却显著抑制了创新的规模效率。孙东（2015）研究发现：我国的创新效率还不高，而且波动幅度较大，没有出现稳定、一致的上升趋势；我国不同区域存在明显的异质性，部分对东部创新效率有正面效应的因素，由于存在门槛效应，对中、西部创新效率没有表现出正面效应，甚至出现了负面效应；考虑环境约束后，我国各省份创新经济效率普遍下降较大。王鹏等（2015）的研究结果显示：中国不同区域的创新产出存在差异化和空间集聚特征；创新环境正向影响了区域创新效率，尤其是金融机构存贷款总额、高校毕业人数和市场化率的影响最为显著。于志军（2016）发现高校的科技活动交流对知识产出效率、成果转化效率和整体创新效率的提升具有显著的促进作用。王裕瑾等（2017）的研究表明，2003—2013年我国创新全要素生产率呈现增长趋势，我国省域创新全要素生产率存在收敛趋势，东、中、西部地区创新全要素生产率存在空间俱乐部收敛现象。朱承亮等（2018）认为：若不考虑环境污染，创新效率会被低估，但创新生产率被高估；考虑环境污染的绿色创新效率呈V型演变趋势，而且存在一定的提升空间；技术进步是推动绿色创新效率提高的主要因素。

但是，相对于区域创新能力，创新效率的研究视角较窄。因为在衡量创新效率时，考虑的指标都是与创新直接相关的研发投入和研发产出，而区域创新能力具有明显的系统性，不仅仅与这些直接指标有关，还与整个区域的市场需求、文化教育、政府行为、基础设施等息息相关。因此，要想全面地衡量区域创新对经济增长质量的影响，首先应该全面地衡量区域创新能力，而不仅仅是创新效率。

4. 创新的空间溢出效应文献综述

随着区域间经济贸易往来越来越密切，国内外学者也对创新的空间溢出效应做了很多研究。张战仁（2012）认为影响创新空间溢出效应的因素主要有两个：一是空间距离的远近；二是知识吸收能力的强弱。这些都会影响空间溢出效应的大小和方向，造成非均衡的创新发展格局。刘和东（2013）发现地理因素比社会经济因素更显著地促进了区域创新的空间溢出效应。Guastella 和 van Oort（2015）、白俊红等（2015）的研究表明，区域创新存在显著的空间集聚和空间相关。杨凡等（2016）发现：中国省际创新产出的高值区集中在沿海经济带和长江经济带，形成京津的虹吸、上海的扩散和粤辽的弱辐射三类区域效应；省域创新产出增长率存在正向空间溢出，创新产出、人力资本和资金资本均存在正向空间溢出。苏屹等（2017）发现：区域创新活动具有正向空间相关性，并呈现明显的空间集聚现象；地理特征与社会经济特征对区域创新活动均产生影响。杨明海等（2018）研究发现：八大综合经济区科技创新能力呈空间异质性，区域间差距是主要根源；经济基础、空间区位与企业创新均呈显著正向的区域内、区域间溢出效应，人力资本呈显著负向溢出效应，而人才投入仅呈显著正向的区域内溢出效应。宋旭光等（2018）发现：中国区域创新表现出明显的"梯度"可达的关联特征；中国区域创新空间关联结构显著受地区间地理距离与人力资本水平差异的影响。程开明等（2018）运用空间杜宾模型对全国272个城市进行创新空间溢出效应的测算及分解，发现中国城市创新具有显著的正向空间溢出效应且表现出较强的稳健性，但不同地区的溢出效应差异较大。潘雄锋等（2019）研究发现，只有东部地区存在技术创新空间溢出效应，中、西部地区并不存在，而且中、西部地区各省份之间存在竞争效应。谢伟伟等（2019）研究发现，中国区域创新存在显著的正向空间自相关性和正向空间溢出效应，而且地理距离比技术邻近对创新空间溢出的影响更显著；还发现研发经费投入显著促进了区域创新的空间溢出，而人力资本对其作用不明显。崔蓉等

（2019）认为中国省际绿色创新生产率存在显著的正向空间相关性，其中：对其具有正向空间溢出间接效应和总效应的因素有信息化水平和受教育水平；而对其具有负向空间溢出间接效应和总效应的因素有经济发展水平、贸易开放程度以及环境规制强度。

综上可见，很多学者已经意识到创新空间溢出效应的存在，并从不同的角度分析了创新的空间溢出效应及其影响因素。大多数学者比较认同创新存在正向的空间溢出效应，但是空间溢出效应的大小及在不同区域范围的显著性存在差异，有的学者认为中国省际创新存在显著的正向空间溢出效应，而有的学者却认为只有东部地区显著为正，中部和西部地区不显著。除此以外，对创新空间溢出效应影响因素的选择及研究结论也有一些差别，因此，有必要对创新的空间溢出效应做进一步研究。

二、经济增长质量文献综述

"经济增长质量"由卡马耶夫（1983）率先提出，国内外学者从不同的角度对其内涵进行了界定，但尚未达成共识。不过，学者们对经济增长质量内涵的界定大体基于两类视角，一类是经济增长效率视角，另一类是对经济增长品质优劣的规范价值判断视角。

从经济增长效率视角，卡马耶夫（1983）认为经济增长质量是指生产过程中资源规模和使用效率的变化。托马斯（2001）提出经济增长质量是指在其他控制条件不变时，人力资本、自然资本及物质资本的投入使得产出最大化的情况。武义青（1995）指出经济增长质量是指经济系统素质的改善，并以投入要素的生产率来衡量。王积业（2000）认为经济增长质量是指资源利用的改进或要素生产效率的提高。刘亚建（2002）认为经济增长质量是指单位经济增长率所含有的剩余产品量，要素投入不变时产出越高，经济增长质量越高。钞小静等（2008）认为经济增长质量是一种依赖技术进步、资源配置效率以及要素利用效率提高的经济增长模式，主要依靠提高全要素生产率实现。张鹏（2011）、郭峰等（2013）、楚尔鸣等（2014）也都将全要素生产率视为经济增长质量。李玲等（2013）认为工业经济增长质量包括技术进步生产率的提高和资源环境的可持续发展。

从对经济增长品质优劣的规范价值判断视角，肖红叶等（1998）认为经济增长质量应包括经济增长稳定性、协调性、持续性和潜能性四个方面。Barro（2000）指出经济增长质量包括受教育水平、预期寿命、健康状况、法律与秩序的发展程度等方面。彭德芬（2002）认为经济增长质量是指在经济增长过程中，经济、社会与环境等各方面体现出来的优劣程度，应包括经济运行质量、居民生活质量、生存环境质量。马建新（2007）认为经济增长质量的内涵应包括经济系统发展水平、效益、增长潜能、稳定性、环境质量成本、竞争能力及人民生活水平等各个方面。李俊霖（2007）认为经济增长质量的内涵包括经济增长的有效性、稳定性、协调性、分享性、创新性与持续性。钞小静等（2009）认为经济增长质量是对经济增长优劣、好坏的判断。任保平（2012，2013）认为经济增长质量主要表现为提高经济效率、优化经济结构、提高经济增长稳定性、减少生态环境污染、改善社会福利分配、提高区域创新能力、促进经济社会环境可持续增长。廖筠等（2015）提出经济增长质量的内涵包括经济发展状况、经济发展潜力、人民生活水平和环境保护质量四个方面。周艳霞（2017）将经济增长质量的内涵界定为创新性、有效性、稳定性、协调性、持续性和分享性六个方面。魏敏等（2018）认为经济增长质量是对经济增长品质优劣程度的价值判断，高质量的经济增长应包括动力机制转变、经济结构优化、开放稳定共享、生态环境和谐和人民生活幸福。

可见，不同的学者从不同的视角对经济增长质量的内涵进行了不同的界定，各有千秋。基于经济增长效率视角的研究，虽然涉及面较窄，但是能反映经济增长质量的核心。基于对经济增长品质优劣的规范价值判断视角的研究，虽然能反映经济增长质量的丰富内涵，但是如果把经济社会的方方面面都纳入到经济增长质量框架中，会导致其内涵缺乏针对性，不仅会影响后续的空间计量分析，也会降低研究结论的真实性和实用性。除此以外，国内外学者对经济增长质量的相关研究还有很多，但按照对经济增长质量的测度方法，主要可分为效率测度视角的研究和指标体系评价视角的研究。

1. 效率测度视角的研究

受 Solow（1956）影响，很多学者采用全要素生产率对经济增长质量进行简单衡量，比较有代表性的有王积业（2000）、刘亚建（2002）、涂正革（2007）、Zhang 和 Jin（2010）、刘文革（2014）、李平等（2017）、李强等（2019）。可是，由于不同的学者对经济增长质量概念的界定不同，衡量方法也存在差异，因此这种用传统的全要素生产率衡量经济增长质量的做法存在一定的缺陷。郑玉歆（2007）指出全要素生产率（TFP）对经济增长的贡献率是衡量经济增长质量的指标。近年来，随着中国经济增长速度放缓，资源环境问题凸显，越来越多的学者开始意识到中国的经济增长方式亟待转变，应实施经济、社会、环境和谐共存的高质量发展，开始把目光聚集在能够推动经济高质量增长的绿色全要素生产率上。

目前关于绿色全要素生产率的研究，从区域层面切入的有以下文献：李俊等（2009）用非参数方法测算了考虑环境污染的绿色全要素生产率，对比发现传统的全要素生产率被明显高估。李玲等（2013）通过测算1999—2009年中国30个省份的绿色全要素生产率来度量工业经济增长质量，发现东部地区工业经济增长质量呈现明显的俱乐部收敛特征，全国总体及东中西三大区域工业经济增长质量存在条件收敛，对外开放和环境规制显著地缩小了区域间经济增长质量差异。韩晶（2016）用方向性距离函数测度了2003—2014年我国31个省份的绿色全要素生产率，发现GDP增长显著影响省级官员晋升，而绿色全要素生产率增长对于官员晋升的影响并不显著。王裕瑾（2016）对2001—2014年我国省际绿色全要素生产率的测算和敛散性的实证分析表明：我国省际绿色全要素生产率呈缓慢增长趋势，绿色技术进步较绿色效率增长有更为突出的贡献；空间互动状态下，全域绿色全要素生产

创新能力与区域经济增长质量

率呈条件收敛并产生俱乐部趋同现象，但收敛速度较不考虑空间互动因素有所减缓。李平（2017）采用韩晶（2016）的方法测度了长三角和珠三角城市群的绿色全要素生产率，发现纯技术进步和技术规模变化对绿色全要素生产率增长的贡献非常显著，而规模效率变化的贡献较小。彭浩（2017）基于DEA-Malmqusit方法测算了长江经济带各省份绿色全要素生产率的水平及其分解，发现除能源消耗强度外，人力资本、产业结构、环境规制、政府规模和创新能力均对绿色全要素生产率有正向的显著性影响。张帆（2017）研究发现，金融发展对传统的全要素生产率和绿色全要素生产率的影响均显著为正，而且呈现出非线性的关系，金融发展对传统的全要素生产率的促进作用更大。袁宝龙等（2018）发现实质性创新对全要素生产率（TFP）和绿色全要素生产率（GTFP）均具有显著的促进作用。芮世俊（2018）基于随机前沿生产模型测度了长江经济带的绿色全要素生产率和传统的全要素生产率，发现前者明显低于后者，而且各省份之间绿色全要素生产率存在差异性和空间集聚效应。刘俊辉等（2018）使用GML指数对"一带一路"沿线国家的绿色全要素生产率进行了测度，发现中东欧区域、独联体区域存在条件β收敛但不存在绝对β收敛，其他区域均存在绝对β收敛和条件β收敛。刘华军等（2018）用全局Luenberger生产率指标测算了绿色全要素生产率，发现相比技术效率，技术进步的差距对绿色全要素生产率地区间差距的贡献率更大，污染治理生产率的差距是导致绿色全要素生产率地区间差距形成的主要原因，劳动投入生产率的差距对绿色全要素生产率地区间差距的作用最大。武义青等（2018）通过在柯布－道格拉斯生产函数中引入势效系数的方法来测定绿色全要素生产率，发现绿色全要素生产率仅为传统全要素生产率的一半左右。吴雨（2018）发现环境规制与工业绿色全要素生产率的增长之间存在显著的U型关系。同时研究认为，现阶段，重庆市工业行业的自主创新能力还不足以提高工业绿色全要素生产率，自主创新的绿色效应并不存在。李志华等（2019）发现：技术进步是绿色全要素生产率增长的主要源泉；环境规制对绿色全要素生产率存在显著的负面影响；民间投资、所有制结构、人力资本对绿色全要素生产率存在显著的正面影响，但是地区差异较大，东部地区最显著。李君等（2019）采用方向性距离函数和 Luenberger 生产率指标测度了重度污染型制造行业 2003—2015 年的绿色全要素生产率，发现环境规制对绿色全要素生产率的影响具有时滞性，所有制结构对绿色全要素生产率的负向影响显著。陈明华等（2019）基于非期望产出 – 超效率 SBM 模型测算了长江经济带三大城市群的绿色全要素生产率，发现各城市群的绿色全要素生产率均呈总体上升趋势，但其增长具有显著的非均衡态势。经济发展水平、要素禀赋结构、外商直接投资、教育发展等因素对不同城市群绿色全要素生产率增长的影响方向和大小差异较大，但产业结构、科技创新水平和金融发展的影响均不显著。周五七（2019）考虑非期望产出，测算了长三角城市工业绿色全要素生产率，发现长三角工业绿色全要素生产率整体呈现上升态势，这种增长主要来自绿色技术进步；同时发现人均收入水平与绿色全要素生产率的增长呈 U 型变化关系，政府环境规制和劳动生产率对绿色全要素生产率的影响为正，所有制结构和资本深化对其影响为负，外商投资和贸易开放对其影响不显著。

综上，国内一些学者从区域层面对绿色全要素生产率展开了研究，适应了我国绿色发展的需要，对经济转型有很好的引领作用。但是也存在一些问题：一是绿色全要素生产率的测算方法存在差异，势必会影响实证结果的真实性和一致性；二是现有文献大多是直接用基于软件测算得到的绿色全要素生产率数据来衡量经济增长质量，这样做是否合适，还有待商榷。

2. 指标体系评价视角的研究

通过构建指标体系综合评价经济增长质量，也是近年来的研究热点之一。根据研究需要，这些指标体系基于不同的评价视角，选取了不同的测度指标，各有千秋。在这方面的研究中，任保平科研小组的相关成果最为丰富，如钞小静和惠康（2009）、钞小静和任保平（2011）、魏婕和任保平（2012）等的研究。此外，肖红叶等（1998）也构建了我国经济增长质量评价体系，选取了经济增长稳定性、协调性、持续性和经济增长潜能等研究视角。马轶群等（2012）从经济增长方式质量、经济增长过程质量和经济增长结果质量三个方面构建了中国经济增长质量评价体系。詹新宇等（2016）从创新、协调、绿色、开放、共享五个方面评价了我国2000—2014年的经济增长质量。魏敏等（2018）在经济新常态背景下，从动力转变、结构优化、开放稳定共享、生态环境和谐、人民生活幸福五个方面构建了经济增长质量评价体系，分析了我国区域经济增长质量的空间分布特征。但正因为不同的学者构建指标体系的视角不同，关于经济增长质量的评价结论相互之间没有可比性，结果只能是众说纷纭，莫衷一是。

三、创新与经济增长质量的关系文献综述

国内外学者对创新与经济增长质量关系的研究有很多，按照研究视角，主要分为三类：一是人力资本、研究开发、技术进步等视角的研究；二是创新能力视角的研究；三是空间溢出效应视角的研究。

1. 人力资本、研究开发、技术进步等视角的研究

Simon等（2002）利用美国各区域1900—1990年的面板数据进行了分析，发现那些拥有高水平人力资本的区域经济增长更快。许和连等（2006）认为人力资本积累通过影响全要素生产率而作用于经济增长。王志刚等（2006）认为技术进步是全要素生产率增长的主要决定因素，此外能够正面影响全要素生产率的因素有出口占比和初始人力资本，能够负面影响全要素生产率的因素有国有化程度和财政支出占比。周国富等（2008）发现，在加快黄河流域地区经济增长的过程中，对人力资本的投资至关重要。Bronzini等（2009）发现研究与开发、人力资本、公共基础设施对全要素生产率存在长期的促进作用。Falck等（2010）发现产业集群导向的经济政策促进了创新能力的提高，企业与公共科研机构的合作以及研发人员数量的增加促进了

经济的增长。刘伟明等（2012）研究发现，技术进步是绿色全要素生产率增长的主要原因，环境规制、教育水平、产业结构、市场结构、外商直接投资对我国全要素生产率增长起正向作用，而资源禀赋、能源结构则起反向作用，所有制结构和绿色全要素生产率的关系不显著。王斌等（2012）发现我国传统的全要素生产率对经济增长的贡献率在1953—2010年仅为1.22%，1979—2010年为22.27%，这种变化是由技术进步推动的。周国富等（2012）的研究表明，技术进步对城市经济增长的贡献存在一定的空间溢出效应。严成樑等（2012）在创新驱动框架下，得出研发部门劳动投入是经济增长最直接的决定因素的研究结论。马立军等（2013）发现人力资本对我国传统的全要素生产率的增长具有正向作用。程郁等（2013）发现，高新区的全要素生产率明显高于其所在省区的水平，而且其全要素生产率的增长主要是由技术进步推动的，同时高新区全要素生产率的增长存在收敛特征。吕大国等（2015）发现一般贸易和其他贸易显著促进了全要素生产率的增长，而加工贸易阻碍了全要素生产率的增长。Tientao等（2016）运用空间杜宾模型实证检验了技术空间溢出效应对传统的全要素生产率的影响，结果显示研究与开发对传统的全要素生产率有明显的正向影响，R&D每增加10%，可使TFP提高0.77%，而且空间溢出效应显著。叶静怡等（2016）发现以研发和专利申请度量的企业创新从无到有分别使企业全要素生产率增长4.9%和3.1%。白俊红等（2017）发现区域间研发要素的流动存在显著的空间溢出效应，显著促进了中国经济的增长。叶祥松等（2018）认为：从短期来看，科学研究不会直接促进全要素生产率提高，技术开发显著地抑制了全要素生产率的提高；从长期来看，政府对科学研究的支持能够促进全要素生产率提高，政府对技术开发的直接支持对全要素生产率不存在促进作用。

可见，国内外学者从不同角度研究了人力资本、研发投入、专利申请、科学研究、技术开发与进步等与创新直接相关的指标对经济增长质量的影响，而且很多学者也意识到全要素生产率是经济增长质量的核心。这些研究为后来的学者研究创新能力对经济增长质量的影响提供了很好的参考，但是这些研究很多没有考虑经济发展过程中资源环境的代价，没有考虑非期望产出，存在较大的局限性，不适应目前中国高质量发展的迫切要求。

2. 创新能力视角的研究

魏下海等（2010）运用Malmquist指数方法测算了我国29个省份1991—2007年的全要素生产率，发现城市化和创新长期显著地促进了全要素生产率的增长。魏守华等（2010）发现创新能力显著影响全要素生产率，进而影响地区经济差距。李国璋（2011）的研究表明，自主创新对我国全要素生产率的提高至关重要。庞瑞芝等（2014）研究发现，全国各省份科技创新对经济发展的支撑作用普遍偏低，这与创新生产阶段、创新成果能否有效转化以及经济发展阶段有关。王海兵（2016）认为1979—2012年我国全要素生产率的均值和技术进步增长率的均值都小于零，抑制了创新驱动发展。张予川等（2016）发现长江经济带整体的创新驱动全要素生产率呈现上升趋势，地区差异不明显，省际差异在缩小，并且技术效率变化对长江经济带整体的创新驱动全要素生产率的影响最大。白俊红（2016）认为在全国和东部地区，创新驱动能力对经济增长质量的促进作用非常显著，而在中西部地区该作用还未显现。周艳霞（2017）发现创新投入对城市经济增长质量的影响存在交互效应和空间效应。陈宝明等（2017）发现，与美国相比，我国创新驱动发展战略稳步实施，科技创新能力显著提升，对经济增长的支撑引领作用也日益突出。袁宝龙等（2018）发现实质性创新对全要素生产率（TFP）和绿色全要素生产率（GTFP）均具有显著的促进作用。邵宜航等（2018）的研究表明，当创新阶层的阶层地位低于与其存在人力资源竞争关系的其他职业阶层时，阶层差异将不利于经济的长期增长，且这种负面效应将随创新效率的提升而加剧。程文等（2018）认为：当消费者收入水平较低时，自主创新和经济增长均不会受到收入差距的影响；但是，当消费者收入水平较高时，收入差距扩大的负面影响就会显现出来。陶长琪等（2018）发现：我国经济发展中的创新驱动效应以东部沿海地区为集聚中心，呈现出在时间维度上阶段性增长、在空间维度上"蔓延式"发展的时空格局；创新驱动对经济增长的促进作用在东部为加速效应、中部为收敛效应、西部为分化效应。周国富等（2019）认为区域创新能力对全要素生产率有促进作用，但是不显著。徐彬等（2019）发现创新驱动对经济发展的影响存在滞后效应，地方自主创新能力对经济发展的正向效应显著。贾鑫晶等（2019）发现山东省创新能力的提高对经济产生了正向溢出效应，周围地区创新能力的提升对本地区经济发展有正向影响。

综上，不少学者从不同角度研究了创新能力对经济增长质量的影响，对后来的学者有较好的参考价值，但也存在一些问题：一是不论是创新能力还是经济增长质量，其指标的选取都有所不同，有单一指标，也有综合指标；二是研究结果有差别，有学者认为创新能力促进了经济增长质量，也有学者认为创新能力对经济增长质量的促进作用并未显现；三是多数文献没有考虑经济发展过程中资源环境的代价，没有考虑非期望产出，存在较大的局限性，不适应目前中国高质量发展的迫切要求。

3. 空间溢出效应视角的研究

自Solow（1957）借助分解法定量研究了经济增长中技术创新的重要地位后，逐渐有学者意识到技术创新的空间溢出效应的客观存在，例如，Coe和Helpman（1995）（FDI视角）、Eaton和Kortum（1996）（国际贸易视角）、Hu和Jafferson（2001）（专利申请和应用视角）研究了技术创新的空间溢出效应对经济增长的影响。Jaffe、Trajtenberg和Henderson（1993）认为技术知识是非正式的，短距离更利于技术扩散。Moreno和Usai（2005）探究了创新的空间分布及技术溢出的作用。吕忠伟等（2008）的研究表明，R&D溢出对区域经济增长的作用存在区域差异，中国各地区还没有达到吸收能力的门槛，不能充分吸收R&D溢出。魏下海（2010）发现，三种不同空间权重矩阵设定下的回归结果一致支持人力资本对生产率增长和技术进步具有正向空间溢出效应，而对效率增进则具有负向溢出效应。陈得文等（2012）认为我国省域人力资本集聚效应和溢出效应均显著促进了经济增长。王家庭（2012）发现技术创新的空间溢出对我国区域经济增长具有明显的推动效应。周慧等（2017）研究发现，我国省域间存在技术溢出，城镇化的创新效应存在，并具有门槛特征。吴新中等（2018）发现技术创新改进和技术规模效率是工业绿色发展的重要驱动力，长江经济带沿线城市工业绿色全要素生产率呈现明显的空间异质性和空间溢出效应。陈景帅等（2018）的研究表明，山东各地市之间实体经济增长存在显著的正向空间溢出效应，科技创新对实体经济增长存在正向的促进作用，但在空间溢出效应上表现为负。贾鑫晶等（2019）研究发现，山东省创新能力的提高对经济产生了正向溢出效应，周围地区创新能力的提升对本地区经济发展有正向影响。

综上可见，很多学者已经意识到创新空间溢出效应的存在及其对经济增长的重要影响，并从不同的角度分析了创新的空间溢出效应对经济增长的影响。大多数学者比较认同创新促进了区域经济增长，但是关于创新对经济增长的空间溢出效应的大小及方向，观点存在差异，有的学者认为中国区域创新对经济增长的空间溢出效应为正，而有的学者却认为空间溢出效应为负。因此，有必要对创新对经济增长的空间溢出效应做进一步研究。

四、经济增长质量与经济高质量发展的关系文献综述

国内学术界关于经济增长质量与经济高质量发展关系的直接研究较少，但是有些关于高质量发展的研究会涉及经济增长质量。徐学敏（1998）认为经济发展质量的实质是生产效率的提高，主要通过经济结构优化和经济增长方式转变来实现。由此可见，经济增长质量与经济高质量发展是息息相关的，表现为这两个概念都是从质量的角度对经济优劣进行考核，强调了质量在经济增长和经济发展过程中的重要地位，强调了质量和数量的统一，主张经济质量和数量要协调一致，不能盲目地追求数量，忽视了质量。但是，这两个概念又有一些区别，前者的研究视角侧重"经济增长"，而后者更注重

"经济发展"。任保平（2018）认为，经济发展比经济增长涵盖的范围更广一些，经济发展不仅包含经济因素，还包括社会因素、环境因素等。因此，我们可以看出经济增长质量是经济高质量发展的一部分，要实现经济高质量发展，提升经济增长质量势在必行。

综上，通过创新驱动提升经济增长质量，现已成为全社会的共识，很多学者基于不同的视角对该问题进行了研究，并得出了许多可供借鉴的结论。然而，也存在一些问题，尤其是实证研究结果差异较大。究其原因，笔者认为有以下几点：一是不同学者对创新能力内涵的认识存在较大的分歧，这直接导致了他们对创新能力的评价方法和指标选取千差万别，因而实证研究结果的差异也较大；二是不同学者对经济增长质量内涵的认识同样存在较大的分歧，这直接导致了他们对经济增长质量的评价方法和指标选取同样存在一定的差异；三是对创新驱动对经济增长质量的传导路径缺乏全面深入的认识，导致某些文献对如何提升区域创新能力，以及如何通过提升区域创新能力来促进经济增长质量的提高所提的政策建议缺乏针对性。

第三节　研究思路

本书结合国家实施创新驱动发展战略和全面提升经济增长质量的现实需要，拟对区域创新能力的内涵和评价方法、经济增长质量的内涵及其正确的评价方法，以及如何通过提升区域创新能力来促进经济增长质量的提高，做一个系统的考察。在相关理论基础上，本书首先对区域创新能力的内涵进行界定，在此基础上构建了一套全面可比较的区域创新能力评价指标体系，综合评价了中国各省份的创新能力，考察了样本期间区域创新能力的时空演变过程。其次，本书对经济增长质量的内涵进行界定，并选取绿色全要素生产率对经济增长的贡献份额评价经济增长质量，考察了样本期间区域经济增长质量的时空演变过程。然后，在考察各自的时空演化格局的基础上展开区域创新能力和经济增长质量关系的实证研究。由于区域创新能力的提升能够促进技术进步，提高绿色全要素生产率，改善经济增长质量，而且区域创新能力空间溢出效应的存在会缩小区域间技术差异，促进绿色全要素生产率收敛，进而促进经济增长质量收敛，因此本书的实证分析包括：检验绿色全要素生产率的收敛性以及区域创新能力对其产生的影响，为更好地通过提升区域创新能力来减小各地区经济增长质量上的差异提供政策依据；利用空间杜宾模型实证检验区域创新能力对绿色全要素生产率的空间溢出效应，为更好地通过促进空间溢出效应提升经济增长质量提供政策依据；考虑到区域创新能力和经济增长质量的关系可能是非线性的，或者存在某种临界水平，本书还将采用门限回归模型实证检验区域创新能力对绿色全要素生产率的非线性影响，并基于相关的分析结论提出政策建议。

第四节　创新点与不足

一、创新点

（1）在相关理论基础上，本书结合国家实施创新驱动发展战略和全面提升经济增长质量的现实需要，选取36项基础指标构建了一套全面可比较的区域创新能力综合评价指标体系，综合评价了中国30个省份（除西藏）2000—2017年的创新能力。迄今国内虽已有一些学者通过构建评价指标体系来综合评价区域创新能力，但是都存在相似指标重复使用，或包括了某些总量指标，从而导致其综合评价结果与事实不符，或在各地区间不具可比性的问题。本书构建的综合评价指标体系改善了这些问题，并首次将企业家才能纳入创新投入指标，将非期望产出纳入创新产出指标，以体现企业家精神对创新能力的影响，更全面地衡量区域创新能力。

（2）本书主张将绿色全要素生产率对经济增长的贡献份额作为经济增长质量的衡量指标。本书首先采用 Malmquist-Luenberger 指数测算中国各省份 2001—2017 年的绿色全要素生产率指数，再测算绿色全要素生产率对经济增长的贡献份额，并以此衡量各地区的经济增长质量，证实了绿色全要素生产率在提升经济增长质量中的重要地位。目前虽已有一些学者测算了绿色全要素生产率，但多数直接采用绿色全要素生产率指数衡量经济增长质量，这是欠妥的。此外，也有一些学者采用全要素生产率对经济增长的贡献份额衡量经济发展质量，但是严格来讲，经济发展质量具有更丰富的内涵，该指标只适合用来衡量经济增长质量，且仍有一定的局限性。本书认为在中国经济转型的关键时期，应该使用绿色全要素生产率对经济增长的贡献份额来衡量经济增长质量。

（3）本书全方位实证检验了区域创新能力对绿色全要素生产率的影响。目前虽已有学者研究了技术创新、人力资本、知识溢出、研发投入等对绿色全要素生产率和经济增长的影响，但是鲜有学者检验绿色全要素生产率的收敛性以及区域创新能力对其可能产生的影响，也鲜有学者检验区域创新能力对绿色全要素生产率的影响是否存在空间溢出效应和门限效应。本书弥补了这方面的不足，实证分析结论更丰富。

（4）本书通过定量分析区域创新能力对绿色全要素生产率的收敛性的影响、空间溢出效应和非线性影响，为定量评价区域创新能力对经济增长质量的影响提供了一种可供借鉴的分析框架，丰富了区域经济研究的理论与方法体系，并结合实证分析结果提出了有针对性的政策建议，为更好地提升我国各区域经济增长质量提供了经验依据。

二、不足

由于研究时间与学术水平的限制，本书还存在一些不完善之处。

（1）本书仅仅从区域层面对中国各省份的绿色全要素生产率进行了研

究，所得结论和政策启示都与区域相关，缺乏行业基础研究，无法为提升我国各行业的经济增长质量提供经验依据。

（2）本书基于区域创新系统理论，依据区域创新能力的内涵和相关研究，选择36项基础指标构建了区域创新能力综合评价指标体系，但是，由于数据可得性和可比性的约束，有些指标的选取和数据处理可能会对实证结果产生一定的影响。因此，在下一步的工作中可进一步完善指标选取和数据处理，更好地反映区域创新能力的内涵。

（3）本书选择的绿色全要素生产率的影响因素不全面。本书依据绿色全要素生产率的特点，以及前人的研究成果，选择了尽量多的影响因素，但仍然不能将绿色全要素生产率的影响因素都考虑进来，而且指标的选择和数据处理可能会对实证结果产生一定的不良影响。因此，在下一步的工作中可将更多的影响因素考虑进来，使研究更全面。

第二章　创新能力与经济增长质量相关理论基础

第一节　创新的概念及理论

一、创新的概念与特征

"创新"一词首创于西方国家,它于1912年首先由熊彼特在《经济发展理论》中提出。熊彼特认为,所谓创新,就是对生产要素的重新组合,即把新的生产要素引入到生产体系中,从而形成新组合,同时还指出,创新主要包括产品创新、技术创新、市场创新、资源配置创新、组织创新五种情况,涵盖面非常广。20世纪60年代,美国学者华尔特·罗斯托认为技术创新在创新中占据主导地位,因此把"创新"发展为"技术创新"。1962年,美国学者伊诺思在《石油加工业中的发明与创新》中明确指出技术创新是发明选择、资本投入等行为综合作用的结果。1969年,迈尔斯和马奎斯在《成功的工业创新》报告中指出,创新为技术变革的集合。后来,他们在《1976

年：科学指示器》中指出，技术创新是指把改进的或者新的产品、过程、服务引入到市场之中。20世纪80年代，弗里曼等学者认为创新是各个要素之间相互作用、相互影响的系统过程。中国学者傅家骥（1998）认为，技术创新是指企业家为了获取更多的利益，利用各种生产要素推出新产品、新方法，开辟新市场，获得供给来源或者建立新的企业组织的综合过程。彭玉冰等（1999）认为企业技术创新是指企业家充分整合各生产要素、条件、组织，从而创立更加有效的生产体系以获得更高的利润的过程。创新的主体是人。这里的"人"主要包括两层含义：一是指某个自然人；二是指某个团体或者组织。

关于创新，一般认为有以下几个主要特征：不确定性、价值性、系统性和收益的非独占性。创新的不确定性主要包括两个方面：创新过程的不确定性和创新结果的不确定性。创新过程需要大量的研究开发，而研究开发本身就是充满风险的，存在着不确定性，因此失败的可能性相对较大。创新结果的不确定性是指市场和收益的不确定性，创新本身就是一个周期很长的过程，而市场的需求会不断变化，这就有可能出现创新成功之后市场对新产品的需求已经变小甚至消失，或者在研发初期，市场需求很小，但是创新成功后市场需求陡然提升。当然，创新收益是随着市场需求的大小而相应变化的。创新的价值性是指创新的产品和服务要面向市场需求且具有正向的价值，没有市场价值的技术突破不属于创新。比如，"邮包炸弹"梅丽莎病毒的发明，致使大量电脑瘫痪，造成极大的损失，这不是创新的初衷，而是价值大破坏。创新的系统性是指创新活动不是由单一的创新主体自行完成的，创新的完成需要特定的环境和条件，只有在环境条件以及各个部门（甚至是政府）通力合作下，充分发挥主体部门的作用，才能最终完成创新。创新收益的非独占性是指创新成功后，创造者并不能获取全部的创新收益。因为对创新成果的模仿和复制比创造本身更容易，这就会使创新的收益被模仿者蚕食。保护创新者的合法权益就会在一定程度上促进创新发展，知识产权法的出台和实施则有力地保护了创新。

第二章　创新能力与经济增长质量相关理论基础

从创新的内容来看，可将创新进一步分为理论创新、技术创新、市场创新、制度创新、文化创新、管理创新等几种类型。理论创新以实践活动为基础，是指对原有理论的改进和升华，以及对未知领域的探索和突破；技术创新是指在生产过程中对工具、方法等方面进行革新，具体来说就是引入新产品、新工艺，从而使企业获得更高的生产效率和竞争优势；由于市场是企业活动的出发点和归宿，因此市场对于企业的重要性不言而喻，市场创新即通过改进市场的构成和机制以及对市场的开辟和占领，从而提高企业市场竞争力的过程；制度创新是对规范人们行为的规则进行创新，直接目的是激发人们的积极性和创造性；文化创新（企业文化创新）是指企业在发展过程中形成独特的、利于企业创新的企业文化；管理创新是指通过组织、协调等管理手段使各种资源要素得到优化配置，从而实现目标的活动。

从创新的结果来看，可将创新进一步分为根本型创新和渐进型创新。根本型创新往往会创造出一个全新的产业。渐进型创新是指若干小的创新单元的渐进式积累。也可以认为渐进型创新是创新的量的积累过程，积累到一定程度就会发生质变，即实现根本型创新。所以，渐进型创新具有渐进性和模仿性的特征。

从创新的动力来看，可将创新进一步分为市场推动型创新和技术推动型创新。市场推动型创新是指在充分了解市场和顾客需求的基础上进行产品的改进和革新，比如移动电话由体积较大的"大哥大"转变为体态较小的手机，市场推动型创新一般属于渐进型创新。技术推动型创新大多为根本型创新，它会改变人类的常规认识，提高人类改造世界的能力，往往会形成一个巨大的全新产业，比如飞机的发明和使用。

二、斯密的创新思想

近年来，一提到"创新"就会提到熊彼特，就会提到他的"五种创新理念"和"创造性毁灭"等观点。其实早在熊彼特之前，经济学的主要创立者亚当·斯密以及马克思都已经意识到创新对社会进步、经济增长的巨大作用。

亚当·斯密的《论警察》演讲以及《国富论》一书都阐述了技术创新和经济增长的关系。亚当·斯密的分工理论认为，分工能够提高劳动生产率，进而促进社会经济的发展。其中原因主要为，在分工的基础上，才会使缩减劳动时间和简化劳动的机械发明变为可能，同时分工越细，需要的设备和机械料也就越多。利用机械和设备进行劳动，必然会增加劳动生产量，提高生产效率。因此，机械的发明与改进、劳动生产量的提升都与创新有关。这就说明，亚当·斯密已经认识到创新是除劳动力和资本之外促进经济增长的又一重要因素。

三、马克思的创新思想

马克思首先提出"科学技术是生产力"的论断，同时还提出资产阶级代替封建统治阶级依靠的正是科学技术，科学技术使社会生产力得到前所未有的解放。但是，马克思也认为科技的进步在促进社会生产力发展的同时也存在着缺陷，他认为资本家为了追求更高的利润会加大对科技的投入力度，而这就会使劳动者的价值进一步降低，从而使资本家在更大程度上榨取劳动者的剩余价值。

四、熊彼特创新模型

1. 熊彼特创新模型 I

在亚当·斯密和马克思之后，很多经济学家并没有认为创新是促进社会进步、经济增长的要素，反而是边际主义、均衡分析、凯恩斯的宏观经济学大为流行。同时失业率高、通货膨胀严重、经济危机等问题一直在困扰着经济学家。因此，从某种意义上说，对创新层面的理论研究在这一段时间内搁浅了。

面对上述困境，熊彼特于1912年出版了《经济发展理论》一书，并且首次提出了创新（Innovation）这一概念。他认为创新并不适合当时以静态均衡、完全竞争等为主的正统经济学环境，并认为创新才是资本主义经济发展的根源。

熊彼特把资本主义经济体系分为截然不同的两个部分。第一部分，资本主义经济体系中存在着"循环流转"的均衡。在这种情况下，所有的生产要素、生产资料和生产方法都是自主运行的，每一个经济周期都大同小异，生产、交换、需求的经济机制有条不紊地精确运行。因此，这个体系中没有发展、没有变动、没有创新，更没有熊彼特认为的企业家，当然也就没有了企业利润、没有了资本利息。这一切就好像血液在生物体内的反复循环。第二部分，是与"循环流转"体系截然不同的资本主义发展，这种发展是经济体系内部自发性的、间断的、革命性的、质的变化，其内在的因素就是创新，创新就是资本主义发展的本质特征。熊彼特认为，所谓创新，就是对生产要素的重新组合，即把新的生产要素引入到生产体系中，从而形成新组合。资本家的重要职能就是进行这种创新，引入这种新组合，实现这种新组合。资本主义的发展就是通过这种不断的组合、再组合实现的。因此，他认为创新是资本主义发展的原动力，只有大力创新才能促进资本主义的发展。

熊彼特认为创新主要包括五种情形：第一，产品创新——投入一种消费者还不熟悉的产品或者是已知产品的某种不为人知的特性；第二，技术创新——投入一种新的技术，这种新技术可能是没有经过科学检验的；第三，市场创新——创造一个新的市场，这种市场可以是从来没有存在过的市场，也可以是相关部门没有进入过的市场；第四，资源配置创新——控制原材料和工业制成品；第五，组织创新——实现新的工业组织模式，新垄断的形成以及原有垄断的消失都属于这一类。

纵观《经济发展理论》一书，熊彼特十分重视企业家的作用，他认为企业家的本质就是创新、企业家是经济发展的主体、企业家精神是创新的原动力、企业家的素质决定创新是否成功。同时，他认为创新的成功需要一个良性的发展过程：①在现有的市场之外有潜在的市场需求，这就促使形成了一股不确定的与科学发展相关的发明流；②一些敏锐的企业家决定利用这股发明流进行创新，因为他们看到了这股发明流背后潜在的高额利润；③创新成功后，市场立刻就进入到不均衡的状态，这些冒险的企业家形成了垄断，攫取了高额的利润，但是随着其他企业家的竞相模仿，这种垄断地位会被迅速地削弱。这个过程就是熊彼特的企业家创新模型，如图2.1所示。

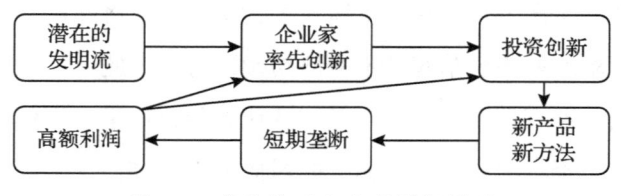

图 2.1　熊彼特的企业家创新模型

2. 熊彼特创新模型 II

继《经济发展理论》后，1942年熊彼特又出版了《资本主义、社会主义和民主》一书，此书不仅发展了创新的思想，又提出了很多新的见解。

首先，熊彼特认为对创新起重要作用的因素由企业家转变为垄断企业，垄断企业对创新的巨大作用与当时社会非常流行的完全竞争理论大相径庭，并且对完全竞争进行了反驳和批判：①在现实生活中根本就不存在纯粹意义上的完全竞争；②完全竞争与社会的进步、经济的发展不相适应；③完全竞争不利于资源的优化配置，不利于创新的发展；④完全竞争很容易被外来因素干扰甚至击溃。

其次，熊彼特还指出，创新是内生思想、是革命性的变化，它在经济发展中起着至高无上的作用。资本和劳动力的大量投入固然会引起经济生活的变化，但是这属于外生变量引起的变化，而创新是在生产过程内部发生的，这种内生变化才是众多经济现象产生的原因。同时，创新具有突发性和间断性的特点，这也就验证了创新的革命性变化。

这一时期熊彼特论述的创新过程即为熊彼特的大企业创新模型：①生产技术和生产方法的革新来自企业内部；②创新成功的企业攫取了超高额的利润，使企业形成了垄断；③其他企业争相模仿生产技术和生产方法，使垄断企业的地位急剧削弱。这一模型如图2.2所示。

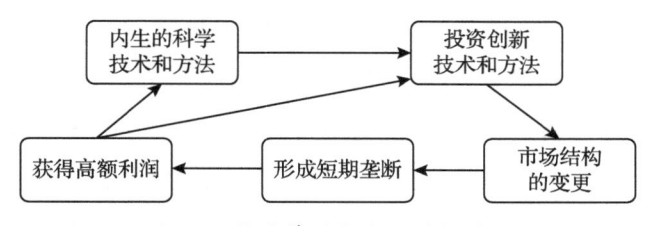

图 2.2　熊彼特的大企业创新模型

熊彼特的大企业创新模型可以说是企业家创新模型的完善和升华，大企业创新模型在强调R&D部门的前提下并没有完全排除企业家的作用，而且这两种创新模型的应用都很广泛，甚至在现在的企业里都能够找到这两种创新模型的实例。

当然，熊彼特的创新理论并不是没有缺陷，他认为资本主义已经高度理性化，甚至这种理性化会摧毁创新和企业家精神。然而，经济发展的历程已经证明这种说法是错误的，创新过程是可以理性化的，而且企业家在创新活动过程中永远会扮演很重要的角色。

五、创新系统理论

1. 国家创新系统

国家创新系统是指一个国家相关的经济和科技组织部门相互作用、相互影响而形成的创新网络。国家创新系统这一概念是英国著名的技术创新专家弗里曼（Chris Freeman）于1987年在《技术和经济运行：来自日本的经验》一书中首次提出的，该书主要介绍了日本在经济技术落后的情况下，利用技

创新能力与区域经济增长质量

术创新以及技术应用政策，加之组织和制度创新、政府的作用，使日本进入了经济高速发展时期，逐步成为工业化强国。

1992年，丹麦经济学教授伦德瓦尔（Bengt-Ake Lundvall）在《国家创新系统：建构创新和交互学习的理论》一书中认为，国家创新系统是由一些要素和联系构成的，这些要素和联系在新知识的生产、扩散和使用中相互作用、相互影响。国家创新系统分为狭义层面上的和广义层面上的。狭义层面的国家创新系统是指诸如大学、科研院所等从事研究与开发的机构和组织。广义层面的国家创新系统包括生产系统、市场系统等子系统以及影响研究与开发的所有部门和方面。1995年，麦特卡尔夫（Metcalfe）认为，国家创新系统是一个独特的部门，它推动了新技术的研发和扩散，为国家形成和执行创新政策提供指导。国家创新系统是创造、保存和扩散知识、技能和新产品的相互影响的机构组成的系统。1996年，OECD认为，国家创新系统是公共和私营部门的相互影响，决定着一个国家和地区扩散知识、技术的能力，并作用于国家的创新业绩。同年，OECD在《以知识为基础的经济》中认为，国家创新系统的结构是重要的经济决定因素。1997年，OECD在《国家创新系统》中指出，个人、企业和各个部门之间的信息技术的流动在国家创新系统中具有重要的作用，并且形成了一套国家创新系统的分析方法，便于政策制定者建立国家创新体系。依据伦德瓦尔、麦特卡尔夫、OECD等的观点，国家创新系统主要是由政府部门、教育科研机构、企业、基础设施等组成的。

伴随着工业经济向知识经济的转变，国家创新系统的理论基础、基本机构和运行机制都会发生转变。总的来说，关于国家创新系统的研究，早已从前期的重视技术创新转变为目前的既强调技术又强调知识的创新、存储、转移和应用的重要作用。

2. 区域创新系统

区域创新系统是国家创新系统的基础和分支，是国家创新系统的发展和延伸。国家创新系统如果没有区域创新系统作为支撑，就会显得笼统和空泛。我国在向市场经济体制转变的过程中，各区域呈现出多样性和差异性，因此从区域层面进行创新系统分析更适合中国国情，对提高区域创新能力、促进区域经济增长和产业结构合理化有重要意义。

英国学者菲利普·库克（Philip Cooke）于1992年首次提出区域创新系统的概念，随后又对区域创新系统进行了理论和实践研究，他认为区域创新系统是企业及其他机构经由以根植性为特征的制度环境系统地从事交互学习，是提高区域创新能力的关键。瑙韦莱斯和里德（1995）认为，区域创新系统是指在一定区域范围内的一套经济、政治和制度的关系，是能促进知识迅速扩散和产生最佳业绩的集体学习过程。黄鲁成（2000）认为区域创新系统是指在一定的区域内，各种与创新相关的主体要素、非主体要素和调节各相关要素之间关系的制度和政策网络。黄鲁成（2003）、易伟义（2011）、王仁文（2014）、王凯等（2016）等以资源节约为导向，认为区域创新系统是激发创新动力，优化区域创新要素配置，提升区域创新能力，推动经济、社会和环境可持续发展的机制，这超越了传统区域创新系统的内涵，是一种强调创新主体、创新环境和生态系统的创新系统。卞元超等（2015）认为区域创新系统是指在一定地域空间和开放边界范围内，内部主体相互作用的社会系统。李子彪等（2018）将区域创新系统视为多创新极（即区域内的创新型产业）共生演化的系统。马永红（2018）认为区域创新系统是一个开放、非平衡态、非线性的复杂系统。

综上所述，国内外学者对区域创新系统的概念和内涵还没有达成共识，但是其内涵大体包括以下几个方面：①具备一定的地理范围和开放的边界；②具备创新单元如企业、高校、政府等；③具备创新系统的组织和空间结构；④重视制度因素在知识的创造、扩散和利用方面的重要作用；⑤提倡地理区域内的企业充分利用各种有利要素创造资本，提高地区的创新能力和竞争力；⑥创新的实现会影响地区的经济、社会及生态环境；⑦利用创新系统组织以及与生态环境的相互作用实现创新的可持续发展。

3. 区域创新系统的要素构成

不同的学者根据区域创新系统的内涵，进一步研究了其要素构成。挪威学者魏格（Wiig，1995）指出，区域创新系统是由生产企业、教育机构、研发机构、政府和创新服务机构组成的。瑞典学者 Bjorn Asheim（2004）指出，区域创新系统是由主导产业集群中的企业和制度基础结构两大主体相互作用而形成的区域集群，其中制度基础结构主要是指支撑创新的企业、研发机构、研究性大学、技术中介机构、金融机构等。国内学者胡志坚等（1999）指出主体、功能和环境三大要素是区域创新系统的重要组成部分，地区内的企业、大学、科研机构和政府等属于主体要素，制度、技术和管理创新机制属于功能要素，体制、政府对创新的调控、法制对创新的调控、基础设施等属于环境要素。林迎星（2006）指出，区域创新系统是影响区域创新的各要素之间的组合或关联形式，以企业为中心，企业和其他创新主体、要素之间必然存在着互动，这些互动关系就构成了创新网络。他认为，区域创新系统结构就是互动关系和创新网络之和。李婧等（2009）认为区域创新系统包括创新主体、区域内部市场和创新资源。张座铭（2014）认为区域创新系统由创新型中小企业、产业集聚区、知识和技术转移转化的平台、公共知识研发机构、中介服务组织五部分构成。卞元超等（2015）认为区域创新系统包括企业、高校、科研机构、政府及金融服务中介等多个主体。王凯等（2016）认为区域创新系统由两个部分构成：一是知识生产与扩散系统，主要包括研究机构、教育机构和中介组织等；二是知识应用与利用系统，主要包括企业及其合作者和竞争者。曹钰华等（2018）认为区域创新系统包括企业创新层、科技研究层、辅助创新层、外围创新环境层。黄鲁成（2003）、易伟义（2011）、王仁文（2014）、王凯（2016）等以资源节约为导向，从区域创新资源的集成程度、区域创新成果价值实现的渠道和功能以及环境改善和资源综合利用等方面重构了区域创新系统，超越了传统区域创新系统的内涵，是一种强调创新主体、创新环境和生态系统的创新系统，反映了经济、社会、生态环境协调发展的理念。通过对以上文献进行梳理，我们可以发现区域创新系统是一个各创新单元相互作用的非常复杂的系统，涉及与区域创新有关的方方面面，不仅包括与创新直接相关的政府、企业、高校、科研机构等，还包括区域经济发展水平、社会文化、生态环境等，这为我们深入理解区域创新能力的内涵奠定了基础。

六、区域创新能力的内涵及提升方法

在谈论区域创新能力之前，先界定区域的范围。区域的概念非常笼统，可以大到世界、大洲、国家，也可以小到县、乡、村。区域有不同的划分标准，比如按照地理位置、行政区域、经济、政治、文化等来划分。本书以最常见的省级行政区域和经济区域的划分为基础来进行研究。其中，经济区域的划分是根据国家统计局东中西部和东北地区的划分方法，将中国30个省、自治区、直辖市（不含西藏、香港、澳门、台湾）划分为以下四个经济区域：东部包括北京、天津、河北等10个省份；中部包括山西、安徽、江西等6个省份；西部包括内蒙古、广西、重庆等11个省份；东北地区包括辽宁、吉林和黑龙江3个省份。

1. 区域创新能力的内涵

区域创新能力是区域创新系统综合能力的表现。区域创新系统研究的代表人物 Heidenreich（1996）认为区域创新能力由政府部门和公共机构"创造和提供集体性竞争产品的能力"和"激发和稳固区域内企业、学院、大学、技术机构、研发机构以及行政主体间交流合作的能力"两部分组成。Riddle（2003）认为区域创新能力是一种能够为一定区域不断带来经济效益的创新潜力，会受到教育机构质量、人力资源、R&D 经费的影响。国内学者黄鲁成（2000）、柳卸林（2003）、李永忠等（2007）认为区域创新能力是运用区域内的科技能力创造出新服务、新工艺、新产品的能力。刘志彪（2011）、洪银兴（2013）、白俊红（2016）等认为区域创新能力是利用知识、技术等无形的创新要素对资本、劳动力等有形要素进行重新组合的能力。吕可文等（2017）提出，区域创新能力是区域内长期利用创新技术进行生产并商业化的能力。张骞（2019）认为区域创新能力是指一个区域内的企业、高校、科研机构等所有创新主体通过投入创新要素进而生产出新技术、新产品的能力。可见，目前学者对区域创新能力的内涵还没有形成一致的认识。基于区域创新系统的内涵，我们认为区域创新能力应该是区域内的创新主体（企业、高校、科研机构等）在创新环境（市场需求、文化教育、政府政策、基础设施等）的影响下将创新要素投入（研发人员、研发资本、企业家精神等）转化成创新产出（新产品、新工艺、新服务等），从而促进经济、社会、环境协调发展的能力。

2. 区域创新能力的提升方法

基于上述区域创新能力的内涵，不同的学者对其影响因素做了相关研究。章立军等（2006）研究发现，创新环境对创新能力有正面促进作用。魏守华等（2010）发现区域创新能力受区域创新效率的影响。Gallie 和 Legros（2012）、王家庭（2012）、Banerjee 和 Roy（2014）、王超等（2017）、潘雄锋等（2019）验证发现，人力资本及研发投入均能显著促进创新能力的提高。黄志勇（2013）、张玉双（2014）认为国际贸易对创新能力有显著的正效应。白俊红等（2015）研究发现，政府科技资助、企业与高校的联结以及企业与科研机构的联结对区域创新有显著的正向影响。王晓茜（2018）的研究表明，大学学科水平与区域创新能力之间存在显著的相关关系。

以上这些丰富的研究成果为提升区域创新能力带来了启示。首先，应加大地方政府对创新的扶持力度。曹钰华（2018）指出政府在区域创新系统中是服务员、协调员和激励者的身份，不仅要大力提供与创新有关的基础设施，如道路、电信设施、图书馆、科技馆、科技创业园等，还应该促进高校、企业和科研机构相结合，激励创新主体将科学技术转化成经济效益。其次，应坚持企业创新主体的地位。企业作为新产品的供给者和经济利润的追求者，其科技成果对经济增长的促进作用最大，企业技术创新的主体性越强，对区域创新能力的促进作用越大，所以应引导企业充分利用国际科技资源提升自主创新能力。最后，应重视创新环境。良好的区域创新环境能够优化整合创新资源，传递新产品和服务的市场供求信息，将参与创新活动的各主体组织起来，形成区域协同作用，提高区域的创新能力。

第二节 经济增长理论

一、新古典经济增长理论

1. 新古典经济增长理论简介

美国经济学家 Solow（1956）提出新古典经济增长理论，该理论的前提条件是：在完全竞争市场上，价格机制占主导地位；在不考虑技术进步的条件下，规模收益不变，但是参与生产的生产要素即劳动和资本是可以互相替代的，而且遵循边际生产力递减规律。Solow 在柯布－道格拉斯生产函数的基础上，推导出新古典经济增长理论的核心公式：

$$G = \frac{\Delta Y}{Y} = \alpha \frac{\Delta K}{K} + (1-\alpha) \frac{\Delta L}{L} \quad (2-1)$$

其中：$\frac{\Delta Y}{Y}$ 表示国民收入增长率，即经济增长率；$\frac{\Delta K}{K}$ 表示资本增长率；$\frac{\Delta L}{L}$ 表示劳动增长率；α 表示资本对经济增长的贡献份额；$1-\alpha$ 表示劳动对经济增长的贡献份额。

从新古典经济增长理论的核心公式可以看出，经济增长率是由资本增长率、资本边际生产力、劳动增长率以及劳动边际生产力决定的。根据劳动和资本可以互相替代而且其边际生产力递减的前提条件，人们可以通过调整劳动和资本的投入组合比例，调节劳动和资本的边际生产力，进而实现经济均衡增长。

上述模型没有考虑技术进步，考虑到技术进步对经济增长确实存在影响，Solow（1957）将技术进步加入到上述模型中，并以 $\frac{\Delta A}{A}$ 表示技术进步率，这样，新古典经济增长理论的核心公式修正为：

$$G = \frac{\Delta Y}{Y} = \alpha \frac{\Delta K}{K} + (1-\alpha)\frac{\Delta L}{L} + \frac{\Delta A}{A} \qquad (2-2)$$

公式（2-2）中的技术 A 是外生变量，而且 $\frac{\Delta A}{A}$ 为常数。因此，哪怕资本和劳动保持不变，技术进步也可以实现经济增长。新古典经济增长理论肯定了经济增长中技术进步的作用，但是该理论将技术进步视为恒定不变的常数，未探讨技术进步的决定因素。

2. 收敛性假说的提出及量化形式

Solow（1956）的新古典经济增长理论的另一个重要贡献是提出了收敛性假说（Convergence Hypothesis）。该理论假设资本的边际收益是递减的，即在资本存量较低的时候，其边际产出较大，而在资本存量较高的时候，其边际产出呈现递减规律。如果初始资本存量规模是不同国家之间的唯一差别，那么具有较低资本存量的欠发达国家比具有较高资本存量的发达国家有较快的增长，即不同国家的经济存在收敛现象。

新古典经济增长理论的收敛性假说表明，不同国家或地区在人均收入水平差距上存在缩小的趋势。由于所研究的国家或地区的具体情况不同，经济增长收敛假说主要有三种形式，即绝对收敛假说、条件收敛假说和俱乐部收敛假说，其量化形式及检验方法如下。

第一种绝对收敛假说是指不管各个国家或地区的初始条件（资源和技术

水平等）如何，长期内其人均收入水平将收敛于相同的均衡稳态水平。表现为：初始人均收入水平较低的国家（欠发达国家）具有较快的增长速度，而初始人均收入水平较高的国家（发达国家）具有较慢的增长速度，长期内这些国家的人均收入水平将收敛于相同的均衡稳态水平。绝对收敛假说的检验有两种方法，即 σ 收敛性和绝对 β 收敛性。σ 收敛性是指随着时间的推移，不同国家之间人均收入水平的离散程度指标（标准差）逐渐减小。假设 $y_{i,t}$ 表示第 i 个国家 t 时期的人均实际 GDP，σ_t 表示 t 时期 n 个国家之间人均实际 GDP 对数 $\log y_{i,t}$ 的样本标准差：

$$\sigma_t = \sqrt{\frac{1}{n}\sum_{i=1}^{n}\left(\log y_{i,t} - \frac{1}{n}\sum_{i=1}^{n}\log y_{i,t}\right)^2} \quad (2-3)$$

如果在 $t+T$ 时期满足 $\sigma_{t+T} < \sigma_t$，说明 n 个国家具有 T 阶段的 σ 收敛性。

绝对 β 收敛性：假设第 i 个国家 t 到 $t+T$ 时期的人均实际 GDP 年均增长率为 $\gamma_{i,t,t+T} = \log(y_{i,t+T}/y_{i,t})/T$，基于初始时期 t 的人均实际 GDP 对数 $\log y_{i,t}$ 通过回归得：

$$\gamma_{i,t,t+T} = \alpha + \beta \log y_{i,t} + \varepsilon_{i,t} \quad (2-4)$$

如果上式中 $\beta<0$，则称这 n 个国家具有绝对 β 收敛性。

第二种条件收敛假说是指如果不同国家或地区的市场和体制具有类似的结构特征，则无论初始条件如何，长期内其人均产出路径将收敛于相同的均衡稳态水平。检验方法是条件 β 收敛性，具体做法是在上述绝对 β 收敛性回归方程中引入影响收敛的其他解释变量构成的向量 $X_{i,t}$，得：

$$\gamma_{i,t,t+T} = \alpha + \beta \log y_{i,t} + \phi X_{i,t} + \varepsilon_{i,t,t+T} \quad (2-5)$$

如果 $\beta<0$，则称这 n 个国家具有条件 β 收敛性。

第三种俱乐部收敛假说是指如果一些国家或地区不仅具有相似的结构特征，而且具有相似的初始条件，那么这些国家或地区的人均收入水平在长期内是收敛的。俱乐部收敛假说的量化形式与条件 β 收敛假说的量化形式基本相似，在此不再赘述。

3. 收敛性假说的实证检验

自新古典经济增长理论提出收敛性假说以来，学者们对经济收敛性的实证研究不断涌现。Baumol（1986）定量分析了 16 个工业化国家 100 年间的劳动生产率水平及增长率，发现各国平均劳动生产率增长率与其初期水平存在负相关性，而且通过了显著性检验，说明这 16 个工业化国家在样本期间存在经济收敛。De Long（1988）却对此表示怀疑，他认为 Baumol 选择的样本都是当今成功的富裕国家，为了得到较为公正的结论，De Long 将样本扩展到 22 个国家，发现劳动生产率平均增长率与初期劳动生产率水平之间并不存在强有力的负相关性。Baumol 等（1988）选取不同发展层次的国家再次进行经济收敛的实证分析，发现这些国家的经济增长确实未呈现收敛态势。

Barro 等（1991）以 98 个国家 1960—1985 年的数据为研究样本，未发现各国人均 GDP 平均增长率与初期人均 GDP 水平存在显著的负相关性。不过，在自变量中加入初期人力资本水平后，两者显现出负相关性。Barro 等（1992）进一步对这 98 个国家进行收敛性检验，发现只有加入其他控制变量时，这些国家在样本期内才呈现收敛态势。Mankiw 等（1992）将所有的研究对象划分为三个样本集合，不同发展水平的 98 个国家属于第一个样本集合，从中去掉人均收入主要取决于某些特定因素（如石油）的 23 个国家，剩下的 75 个国家作为第二个样本集合，第三个样本集合只包括 OECD 的 22 个成员国，研究发现只有第三个样本集合呈现绝对收敛，但是这三个样本集合均呈现条件收敛。

Barro 和 Sala-I-Martin（1995）认为，一个国家的不同省份面对的政府部门、制度框架和法律体系相同，因此绝对 β 收敛在不同省份间比在不同国家间出现的可能性更大。Barro（1996）使用美国 1880—1990 年、日本 1930—1990 年的数据证实了样本期内美国和日本经济增长存在绝对 β 收敛。而 Tsionas（2000）使用美国 1977—1996 年的数据却发现样本期内美国经济

增长不存在绝对 β 收敛。

国内学者对中国经济增长收敛性的研究结论主要有两种：一种认为中国各省份整体不存在绝对收敛，但存在条件收敛，代表性研究有刘木平等（2000）、沈坤荣等（2002）、王志刚（2004）、周国富等（2008）、赖永剑（2011）、何雄浪（2013）、张宇（2017）、徐文舸等（2019）；另一种认为中国经济增长更多表现为俱乐部收敛，代表性研究有彭国华（2008）、史学贵（2015）、徐文舸等（2019）。

在以上这些关于经济增长收敛性的研究中，当考察绝对收敛性时，结果显示很多时候不显著，这可能与绝对收敛的假设条件有关。由于自然资源禀赋、市场机制、经济文化、法律法规等存在差异，不同国家或地区的初始条件差异不仅仅体现在资本存量规模上，而且这些不同的经济体的经济增长很难具有相同的均衡状态，因此，绝对收敛仅仅是当今发达国家或地区经济增长的特征，并没有足够证据证明包括欠发达国家的样本集合也存在绝对收敛。当考察条件收敛性时，首先认可不同国家或地区在初始条件上的各种差异，在引入影响经济增长的其他自变量后，条件收敛变为现实，欠发达地区的经济以比发达地区更快的速度向自身的均衡状态增长，这对缩小区域经济差异、促进区域协调发展有重要意义。

二、内生增长理论

内生增长理论即新增长理论，起源于 Romer 和 Lucas 对新古典经济增长理论的质疑。新古典经济增长理论把技术看成是外生的常量，而且假设资本的边际收益是递减的，而内生增长理论强调技术是一种"内生的"生产要素，是由追求利润最大化的厂商的知识积累推动的。为了说明内生增长理论的思想，先介绍一个简单的生产函数：$Y=AK$。其中，Y 是产出，K 是资本存量，A 是常数，表示一单位资本所带来的产出量。在这个生产函数中，不管资本存量 K 为多少，一单位资本所带来的产出量都是 A，不是边际递减的，这是与新古典经济增长理论的一个重要区别。这里的资本是包括人力资本、知识等在内的广义资本。

Romer（1986）将知识加入到经济增长的要素中，认为知识和技术是厂商进行资本投资获得的副产品，具有溢出效应。厂商知识的积累和技术的提高不仅能提高自己的生产率，还能促使其他厂商进行学习和模仿，进而促进整体生产率的提高。知识的这种溢出效应是经济持续增长的关键。Romer（1990）进一步强调，技术进步是经济系统的内生变量，是研发厂商在追求利润最大化的过程中的副产品，具有独特的性质，既具有非竞争性，也就是一个厂商在使用此项技术时不妨碍其他厂商使用，又具有排他性，也就是研发厂商可以从技术创新中获得报酬。Lucas（1988）指出，通过学校教育和实践学习可以获得人力资本，进而推动技术进步，提高资本收益率，促进经济长期可持续增长。

内生增长理论强调了知识和技术的外溢效应、专业化人力资本的积累、规模收益递增等，不仅较好地解释了一些新古典经济增长理论解释不了的经济增长事实，而且对各国制定经济长期增长政策有一定的参考价值。

三、技术扩散模型

内生增长模型解释了世界经济的整体增长，因为技术进步会在地理空间内扩散。技术扩散模型又称为追赶模型，表明某区域的技术进步取决于本身的技术 A_r 落后于最发达区域技术的程度，技术转移函数表示为：

$$\frac{\Delta A_r}{A_r} = \lambda (A^* - A_r) \qquad (2-6)$$

其中，$\lambda>0$，A^* 表示最发达区域的技术水平。可见，一个区域的技术水平与最发达区域的技术水平差距越大，其技术进步越快。

技术扩散模型出现以后，相关研究也越来越多，主要集中在空间距离、技术势能和扩散通道等方面。首先，空间距离影响区域间的信息传播和物资流通，而且技术势能的强度会随距离增大而衰减，因此，接受技术的区域距离技术扩散源越近，其获得扩散技术的可能性就越大。Jaffe 等（1993）发现美国专利被国内引用的次数比被其他国家引用的次数更多。Eaton 和 Kortum（1999）发现西方国家内部的技术扩散率比国家间的技术扩散率高 200 倍。Keller 和 Wolfgang（2002）研究发现，空间距离每增加 1200 千米，技术扩散就要减少 50%，空间距离与技术扩散程度呈负相关关系。舒元等（2007）、周密（2010）、郭晗等（2017）和张玲漪等（2017）也证实了中国省际间技术扩散与空间距离负相关。其次，技术势能指的是区域技术水平的高低。Abramovitz（1986）研究指出：技术落后国家通过模仿技术先进国家的前沿技术追赶技术先进国家，两国间技术势差越大，追赶速度越快；技术模仿、技术扩散和技术追赶会使国家间的经济呈现收敛性趋势。Barro 和 Sala-I-Martin（1995）通过构建领导者-跟随者模型也证实了上述结论。但是，康凯（2004）、曾刚等（2006）、周密（2010）认为技术势差越大，扩散条件越高，技术扩散越难实现，表现为二元性特征。除此之外，技术扩散还会受到经济体制、政策法规、经济发展水平、产业结构、信息流通系统等技术扩散通道的影响，表现出不同的技术扩散路径。其中，对国际技术扩散路径的研究较多，学者们比较认可的观点是国际技术扩散路径主要有国际贸易、对外直接投资、专利申请和引用等。如 Barro 和 Sala-I-Martin（1997）通过完善领导者-跟随者模型提出技术和知识的扩散通过交换实现，因此，经济的全球化、FDI 以及国际贸易是技术扩散的主要渠道。Keller（2004）认为技术扩散的主要途径是 FDI 和对外贸易。舒元等（2007）指出技术进步的来源主要有两种，即创新和技术扩散，技术扩散的主要途径是 FDI 和对外贸易等。别朝霞（2011）发现与 FDI 相联系的技术扩散溢出效应在发达国家和发展中国家之间呈现出显著的差异。张化尧等（2012）认为国际技术扩散的路径主要有国际贸易、外商直接投资和对外直接投资。李晓娣等（2014）强调了 FDI 在区域创新驱动和技术扩散路径中的重要作用。

第三节　经济增长质量与经济发展

一、经济增长质量的内涵和衡量指标

1. 经济增长质量的内涵

"经济增长质量"由卡马耶夫（1983）率先提出，国内外学者对经济增长质量内涵的界定大体可以分为两类：一类是基于经济增长效率视角，倾向于认同经济增长质量的改善通过要素生产效率的提高来实现，如卡马耶夫（1983）、托马斯（2001）、武义青（1995）、王积业（2000）、刘亚建（2002）、钞小静等（2008）、张鹏（2011）、李玲等（2013）、楚尔鸣等（2014）；另一类是基于对经济增长品质优劣的规范价值判断视角，认为经济增长质量是对经济增长优劣、好坏的判断，内涵非常广泛，涉及经济、社会、环境、社会福利、人民幸福等，不仅包括经济增长稳定性、协调性、持续性、创新性，还包括受教育水平、预期寿命、健康状况、法律与秩序的发展程度等方面，如肖红叶等（1998）、彭德芬（2002）、马建新（2007）、任保平（2012，2013）、廖筠等（2015）、周艳霞（2017）、魏敏等（2018）。

国内外学者从不同的视角对经济增长质量的内涵进行了不同的界定，各有千秋。基于经济增长效率视角的研究，虽然涉及面较窄，但是能反映经济增长质量的核心。基于对经济增长品质优劣的规范价值判断视角的研究，虽然能反映经济增长质量的丰富内涵，但是如果把经济社会的方方面面都纳入到经济增长质量框架中，会导致其内涵缺乏针对性，不仅会影响后续的空间计量分析，也会降低研究结论的真实性和实用性。因此，本书认为，经济增长质量内涵的核心是通过技术进步、优化资源配置来提高生产效率，是一种

第二章 创新能力与经济增长质量相关理论基础

高质量的经济增长，不仅关注经济数量的增加，还注重生态环境的保护、经济增长的稳定性和可持续性以及经济和环境的协调发展。

2. 经济增长质量的衡量指标

如何有效地测度区域经济增长的质量？正如在第 1 章的文献综述部分我们所看到的那样，主要有两个视角：一是效率测度视角，二是指标体系评价视角。换句话说，现有的研究主要采用全要素生产率法或综合评价指标体系法。如王积业（2000）、刘亚建（2002）、涂正革（2007）、刘文革（2014）、李平等（2017）、李强等（2019）使用全要素生产率来衡量经济增长质量；郑玉歆（2007）、钞小静等（2008）使用全要素生产率对经济增长的贡献度衡量经济增长质量；李玲等（2013）、茹少峰（2014）、韩晶（2016）、武义青（2018）等使用绿色全要素生产率作为各地区经济增长质量的度量指标。肖红叶等（1998）从稳定性、协调性、持续性和经济增长潜能等方面评价了我国的经济增长质量；随洪光等（2014）从增长效率、稳定性和可持续性三个方面来衡量经济增长质量；李胭胭等（2016）从经济增长稳定性、经济增长结构、科技创新能力、福利分配和人民生活、资源利用和生态环境代价等方面综合评价了河南省的经济增长质量；魏敏等（2018）从动力机制转变、经济结构优化、开放稳定共享、生态环境和谐、人民生活幸福五个方面评价经济增长质量。

对中国经济增长质量的测度，不管是采用单一效率测度指标还是综合评价指标，都各有利弊。虽然综合评价指标能够更好地反映经济增长质量内涵的广泛性，但是迄今为止我国并没有一套统一的经济增长质量评价体系，不同的学者根据不同的研究需要各自建立了不同的评价体系，指标的选取带有一定的主观性，而且指标权数的确定方法也千差万别，这些都会导致研究结论存在较大差别。而全要素生产率测度指标是基于经济增长核算测度的，有较强的理论基础，集中反映了除生产要素之外驱动经济增长的核心动力，因而被看作经济增长质量的度量指标。但是现有的很多文献在采用单一指标衡量区域经济增长质量时，会直接采用全要素生产率指数、全要素生产率对经济的贡献份额或者绿色全要素生产率指数，笔者认为这样做是欠妥的。全要素生产率指数和绿色全要素生产率指数仅能反映某个地区的生产率提升得快还是慢，仍会导致"鞭打快牛"的问题。而全要素生产率对经济的贡献份额没有考虑环境资源问题，不适应当前高质量发展的需要。因此，本书认为正确的做法应该是计算"绿色全要素生产率对经济增长的贡献份额"，再进行横向或纵向对比。换言之，"绿色全要素生产率对经济增长的贡献份额"才是通过单一指标评价经济增长质量时的恰当指标。这项指标不仅能反映经济增长的核心动力，而且考虑到了当前日益严峻的环境资源问题，能深刻反映经济增长质量的内涵。

二、提高经济增长质量的途径

关于如何提高经济增长质量，目前主要有以下几种观点。

1. 经济增长动力的转变

经济增长动力的转变就是经济增长由要素驱动型向效率驱动型的转变。要素驱动型是指经济增长通过增加生产要素的投入量实现，而效率驱动型是指经济增长通过改革创新，促进技术进步，提高全要素生产率实现。这两种增长动力从根本上揭示了经济增长的源泉。卡马耶夫（1983）正式提出经济增长质量时就肯定了效率是经济增长质量的核心。李俊霖（2007）、赵春雨（2012）、任保平等（2015）也认可通过促进全要素生产率的提升促进经济增长质量提高，具体路径为通过创新调整产业结构、改善生态环境、提高全要素生产率，增强经济增长动力。袁晓玲等（2017）、郭启光（2019）认为提高绿色全要素生产率是我国经济增长动力转换的关键。鉴于中国目前的环境约束和经济中高速增长的现状，在创新驱动发展战略下，应提升区域创新能力，统筹要素间协调发展，发挥绿色全要素生产率提质增效的作用。

2. 经济增长方式的转变

一种提法是经济增长应由数量型增长方式向质量型增长方式转变。所谓数量型增长方式，是以经济增长数量为首要目标的经济增长方式，片面追求 GDP 总量及增速，忽视环境污染严重、能源消耗高、资源利用率低、经济结构失衡等问题；而所谓质量型增长方式，则强调要消除这些弊端，注重全要素生产率的增长及其贡献，关注能源消耗和环境污染等方面。赵英才（2006）认为我国经济高速增长是以数量扩张为主的低质量增长。茹少峰（2014）也发现中国经济增长存在数量和质量不同步现象。可见，中国经济增长距离高质量增长还存在一定的差距，亟待提高经济增长质量，而且低速的高质量增长比高速的低质量增长更适合我国经济增长的需要。

另一种提法是经济增长应由粗放型增长方式向集约型增长方式转变。所谓粗放型增长，主要表现是高投入－低产出，为了追求产量、产值等，不惜以生产要素的低效率为代价，是低质量的增长，是短期经济行为的重要表现；所谓集约型增长，主要表现是低投入－高产出，通过提高生产要素利用率，降低单位产出的要素投入量获得经济增长，是有质量的增长，是我国实现高质量增长的重要途径。

可以看出，关于转变经济增长方式的两种说法，其实是一致的，都是为了提高经济增长质量。

3. 经济增长考核指标的转变

转变经济增长考核指标，就是要改变以经济增长率为核心的政绩考核指标，因为它已经造成过分倚重低效率投资的增长状态，严重影响我国经济增长的质量；相反，应将失业率、资源利用效率、环境污染、生态保护、人均收入水平、科技创新成果和专利申请数量等指标以合理、可行的形式纳入经济增长考核体系，以绿色 GDP 进行经济增长考核更符合中国高质量发展的需要。

三、经济增长质量与经济高质量发展的关系

党的十九大报告指出，我国经济已由高速增长阶段转向高质量发展阶段，必须优化供给侧结构性改革、加强创新、振兴乡村、协调发展、完善市场经济体制、全面改革开放，从而促进经济持续健康发展。党的二十大报告进一步指出，要加快构建新发展格局，着力推动高质量发展。那么，在强调经济高质量发展的今天，我们研究经济增长质量的意义何在？显然，这有赖于明确两者之间的关系。笔者认为，经济增长质量与经济高质量发展既存在区别，又息息相关。

首先，经济增长质量不等同于经济发展质量。因为经济发展本身就具有较经济增长更丰富的内涵，这已经是广大发展经济学家的共识。经济增长是指一个国家或地区在较长的时间段内人均收入或产出的增加；而经济发展反映的是社会总体发展水平，是指一个国家或地区人均福利的增长过程，它不仅包括财富量的增加，而且包括经济、社会体制的创新，生产效率、生活水平的提高等质的变化。所以，经济发展质量的内涵较经济增长质量更为丰富。

其次，经济增长质量与经济发展质量也有紧密的联系。这是因为，尽管经济发展是最终目的，但是其基础是经济增长，如果没有经济增长，那么很难有经济发展。相应地，如果没有经济增长质量的保证，也是不可能实现经济的高质量发展的。

因此，从二者的辩证关系来看，我们认为经济高质量发展内含着经济增长质量的提高；要实现经济高质量发展，首先必须要有经济增长质量的不断提高。

此外，联系中国当前实际，笔者认为持续提高我国的经济增长质量也是十分必要的，这体现在：第一，虽然中国已经成为世界第二大经济体，但是在人均 GDP 方面与发达国家仍然有很大差距，这就需要继续保持一定的经

济增长速度，而且应该是具有较高质量和效益的经济增长；第二，中国人民的生活水平和质量仍然需要提高，而生活水平和质量的提高是建立在产品种类的极大丰富和产品的高品质基础上的，只有进一步提高经济增长质量，才能从根本上为提升人们的生活水平和质量提供物质保证；第三，目前中国处在城市化和工业化快速发展的时期，如果没有一定的经济增长速度和较高的经济增长质量，也很难解决就业、社会保障以及环境污染等社会问题，也就不可能实现社会的全面进步和经济的高质量发展。

四、创新能力对区域经济增长质量的传导路径

既然现阶段提高我国的经济增长质量仍然十分必要，而且如果没有经济增长质量的保证，也不可能实现经济的高质量发展，那么，提升我国的经济增长质量有没有捷径？这也正是本书特别关心的问题。虽然上文已经指出，经济增长动力的转变、经济增长方式的转变和经济增长考核指标的转变是推动经济增长质量提高的三个重要途径，但笔者认为，除了经济增长考核指标的调整之外，无论是经济增长动力的转变，还是经济增长方式的转变，都有赖于国家创新驱动发展战略的顺利实施，也就是说，经济增长由要素投入驱动转向创新驱动是提升经济增长质量的根本。如果解决了这个问题，那么我国也就实现了由高投入、高消耗、高污染的粗放型经济增长方式向低投入、低消耗、低污染的集约型经济增长方式的顺利转变，经济增长也就必然是高质量的。所以，接下来，我们有必要再系统考察一下从创新能力的提升到区域经济增长质量的提升之间可能的传导路径。

关于创新能力对经济增长的驱动作用，国内很多学者做了相关研究，如刘志彪（2011）、张来武（2011）、庞瑞芝等（2014）都肯定了创新驱动的正向推动作用，认为在经济新常态下，必须实施创新驱动，通过技术进步，提高生产效率。少数学者如任保平（2013）、白俊红（2016）研究了创新驱动影响经济增长质量的作用机理，并提出有针对性的对策。这些研究得出了许

创新能力与区域经济增长质量

多可供借鉴的结论，然而也存在一些问题，尤其是实证研究结果差异较大。究其原因，笔者认为有以下几点：一是不同学者对创新能力内涵的认识存在较大的分歧，这直接导致了他们对创新能力的评价方法和指标选取千差万别，实证研究结果也有较大的差异；二是不同学者对经济增长质量内涵的认识同样存在较大的分歧，这直接导致了他们对经济增长质量的评价方法和指标选取同样存在一定的差异；三是对创新驱动对经济增长质量的传导路径缺乏全面深入的认识，导致某些文献对如何提升区域创新能力，以及如何通过提升区域创新能力来促进经济增长质量的提高所提的政策建议缺乏针对性。考虑到创新要素可能在地区间流动，技术也可能通过投资、贸易等渠道在研发主体（如公司总部）与其他主体（如控股子公司）之间、发达地区与落后地区之间形成事实上的"扩散"，因而区域创新能力可能存在一定的空间溢出效应。而正因为区域创新能力可能存在一定的空间溢出效应，基于创新驱动的各地区经济增长质量也可能存在一定的收敛性，而且这种收敛性或者收敛速度可能取决于政策、区域创新能力的实际溢出情况等很多因素。再者，区域创新能力与经济增长质量的关系可能是非线性的，或者存在某种临界水平。因此，本书认为创新能力对区域经济增长质量的传导路径至少包括以下三个方面。

1. 创新能力对区域经济增长质量收敛性的影响

区域创新能力的提升能够通过空间溢出效应优化技术结构和产业结构，缩小区域间经济增长质量的差距，促进区域经济增长质量收敛。首先，区域创新能力的提升能够促进技术进步，提升先进技术和知识密集型技术比重，提高技术结构水平和自动化水平，从而有助于提高要素生产率和减少资源消耗，最终使得绿色全要素生产率提高，经济增长质量提升。而且通过技术扩散和空间溢出也有利于经济增长质量提升，即发达地区向落后地区进行有偿技术转让，落后地区通过引进发达地区的成熟技术，弥补自身技术落后的缺陷，促进技术结构升级，提升要素生产率，提高经济增长质量，通过"追赶效应"缩小与发达地区之间的差距。其次，区域创新能力的提升能够优化产业结构，促进资源、劳动、资本在不同产业不同部门间自由流动，优化资源配置，淘汰高污染、高能耗、高排放的产业，增加高新技术产业比重，减少环境污染，提高绿色全要素生产率，提升经济增长质量，缩小发达地区与落后地区之间的差距。

2. 创新能力对区域经济增长质量的空间溢出效应

创新能力对区域经济增长质量的空间溢出机制可能通过人才流动、跨区域投资和贸易实现。首先，人才是知识的重要载体，是知识的掌握者和传播者，因此人才的流动会引发知识溢出，进而带来创新能力的空间溢出。Autant-Bemard（2012）认为劳动力流动使得人际交往越来越多，促进了创新扩散。赵昱（2014）认为人才的国际流动增加了我国的创新产出。叶阿忠等（2014）认为当人才流动水平达到最优值时，创新也会提升至最佳水平。其次，跨区域投资也会带来创新溢出。这是因为跨区域投资会产生两种效应：一是竞争效应，跨国公司的投资会加剧东道国的市场竞争，迫使东道国提高技术水平，提升竞争力；二是示范效应，跨国公司在东道国采用先进技术进行生产时，本地企业通过学习、模仿等方式对先进技术进行仿制、再创新，从而产生技术信息外溢，这提高了东道国的创新能力，促进了技术进步，提高了要素生产率和经济增长质量。最后，商品是技术的载体，当区域间进行贸易往来时也会带来创新溢出。Grossman 和 Helpman（1991）认为当技术落后地区流入高技术含量的商品时，其就会学习和模仿该商品中蕴含的先进技术，促进技术进步，提高生产率，提升经济增长质量。

3. 创新能力对区域经济增长质量的非线性影响

白俊红（2016）认为在全国和东部地区，创新驱动能力对经济增长质量的促进作用非常显著，而这种作用在中西部地区还未显现。袁宝龙等（2018）研究发现，实质性创新对绿色全要素生产率（GTFP）具有显著的促进作用。而陈明华等（2018）对长江经济带三大城市群绿色TFP增长进行了评价，发现科技创新水平对三大城市群绿色TFP增长的影响均不显著。关于创新能力对经济增长质量的影响，已有研究的结论差异较大，笔者猜测可能是因为两者之间存在非线性影响：当创新能力较低时，对经济增长质量的促进作用不明显，甚至会抑制经济增长质量；当创新能力提高到一定水平时，对经济增长质量的促进作用越来越大。比如东部地区经济较发达，创新能力较高，地区间的交流合作也较为频繁，创新成果能够较好地转化为生产力，提高绿色全要素生产率，促进经济增长质量的提升。而中西部地区经济较为落后，创新能力较低，创新成果较少，转化率也低，导致绿色全要素生产率较低，对本地区经济增长质量的提升作用不明显。

第四节 本章小结

本章首先系统考察了经典作家对创新与经济增长关系的相关论述，从中不难发现：斯密的创新思想突出体现在，创新有助于机械设备的发明和创造，能够促进社会分工，提高劳动生产率，进而促进社会经济的发展；马克思的创新思想着重强调了科技进步是生产力，从根本上揭示了创新是经济增长的要素；熊彼特的创新理论则让人们认识到创新是对生产要素的重新组合，包括产品创新、技术创新、市场创新、资源配置创新、组织创新，涵盖面非常广泛，更重要的是熊彼特十分重视企业家的作用，他认为企业家的本质就是创新、企业家是经济发展的主体、企业家精神是创新的原动力、企业家的素质决定创新是否成功。这启示我们，在衡量创新能力时不仅要考虑研发资本、研发人员这些创新要素，还应该把企业家精神考虑在内。

此外，区域创新系统理论表明，区域创新涉及企业、政府、高校、研发机构、制度、管理体制和基础设施建设等方方面面，区域创新能力不仅与创新要素投入和创新产出有关，还会受到创新环境的重要影响。这启示我们，

第二章 创新能力与经济增长质量相关理论基础

在衡量区域创新能力时，仅考虑与创新密切相关的一些指标是远远不够的，市场供求、文化教育、政府扶持和基础设施都会影响区域创新能力，在构建区域创新能力综合评价指标时，这些因素也都要考虑进去。

新古典经济增长理论和内生增长理论从根本上揭示了技术进步在经济增长中的重要作用，有助于我们更好地把握经济增长质量的内涵，这主要体现在不仅仅关注经济数量的增加，还要注重生态环境的保护、经济增长的稳定性和可持续性以及经济和环境的协调发展，从而实现经济高质量增长。因此，在衡量经济增长质量时，要以能够体现技术进步、生产效率和资源配置效率提高的指标为核心。而且新古典经济增长理论的收敛性假说表明不同国家或地区在人均收入水平差距上存在缩小的趋势，这启示我们绿色全要素生产率也可能会存在收敛性。鉴于绿色全要素生产率的差距是经济增长质量差异的主要来源，因此，可以考察绿色全要素生产率是否存在收敛性，若存在，必然也会促进经济增长质量的收敛性。

技术扩散模型也有助于我们更好地认识创新对经济增长质量的传导路径。地区之间的技术扩散主要取决于发展水平、后发优势、贸易和投资的开放度、地理区位等，因此在研究创新对经济增长质量的传导路径时，必须要考虑空间溢出效应的存在。区域创新能力能够通过空间溢出效应优化技术结构和产业结构，缩小区域间经济增长质量的差距，促进区域经济增长质量收敛，也能通过人才流动、跨区域投资和贸易促进相邻地区的经济增长。

综上，区域创新能力的提升促进了技术进步，提高了绿色全要素生产率，改善了经济增长质量。此外，区域创新能力空间溢出效应的存在会缩小区域间技术差异，促进绿色全要素生产率收敛，进而促进经济增长质量收敛。

第三章 区域创新能力的评价分析

1978年改革开放以来，中国经济快速发展，原因主要是劳动力和资源环境的成本较低。但是随着低成本优势逐渐消失，自2010年以来，中国GDP增速放缓，经济步入"新常态"阶段，在此背景下需要一种新动力带动经济增长。党的十八大提出依靠创新提高生产力，实施创新驱动发展战略。党的十九大也谈到新发展理念，指出在转换经济增长动力的关键时期，应加快建设创新型国家。党的二十大强调要坚持创新在我国现代化建设全局中的核心地位。21世纪以来，中国区域创新能力是高还是低？随着时间的推移，创新能力是否有所提高？各省份之间的创新能力是否存在差距？这种差距在不断扩大还是不断缩小？相邻省份的创新能力是否存在空间相关性？在中国特色社会主义市场经济体制下，到底哪些因素会影响区域创新能力？本章结合国内外相关研究，首先构建了区域创新能力评价指标体系，综合评价了中国各省份的创新能力水平，然后从格局规模、格局强度、格局纹理三个方面来描述中国区域创新能力的空间格局演变过程。

第三章 区域创新能力的评价分析

第一节 区域创新能力的评价方法

关于如何评价一个国家或地区的创新能力，国内外学者已进行了一些研究。从国外来看，最具影响力的是哈佛大学波特教授和斯特恩教授（Porter 和 Stern，2000）的《创新指标》，他们从创新基础设施的完善程度、创新集群的环境以及两者之间的相互影响程度三个方面构建指标体系，评估了美国的创新能力。世界经济论坛（WEF）在其《2017—2018 年全球竞争力报告》中从基础条件、效能提升和创新成熟度三个层面对各国的创新能力进行了评价。从国内来看，甄峰等（2000）从知识创新能力、技术创新能力、管理与制度创新、宏观经济社会环境四个方面选取 47 项具体指标，建立了创新能力综合评价体系。中国科技发展战略研究小组在其早期的《中国区域创新能力报告》（2001）中，从知识创造、知识流动、企业创新、创新环境和创新绩效五个方面评价了全国 31 个省份的创新能力。魏阙等（2015）运用层次分析法，从区域创新活动的基础、产业集群环境、地区的创新投入、地区的创新产出四个方面选取 15 个基础指标，构建了吉林省的区域创新能力评价体系。李健等（2016）直接采用专利申请数和专利授权数来衡量区域创新能力。国内外学者对区域创新能力的评价方法千差万别，这必定会对实证结果产生不同的影响。章立军（2006）运用中国科技发展战略研究小组 2002 年、2003 年《中国区域创新能力报告》中的创新能力体系指标数据研究发现，区域创新能力对经济效率未起到显著的促进作用。曹勇等（2012）以发明专利申请量衡量区域创新能力时发现区域创新能力的区域差异呈现 S 型曲线，而以新产品产值衡量区域创新能力时却发现区域创新能力的区域差异近似倒 U 型曲线。白俊红（2016）从技术创新、产业创新、制度创新和文化创新四个方面选取 14 项基础指标衡量区域创新能力，发现在东部地区，创新能力能够显著促进经济增长质量的提升，而中部地区不显著，西部地区有显著的负向影响。袁宝龙等（2018）以发明专利申请量衡量区域创新能力，发现实质性创新对绿色全要素生产率具有显著的促进作用。由此可见，区域创新能力的评价方法对于本书的分析影响很大。

基于区域创新系统理论可知，区域创新能力是区域创新系统综合能力的表现，具有复杂的系统属性，单由研发投入或研发产出指标来衡量区域创新能力不完整，有明显的局限性。很多学者也认识到这一点，更倾向于采用综合评价指标体系以及知名出版物的综合测评结果。近几年，综合评价指标体系不断修订和完善。与单一指标相比，综合指标比较全面，涵盖了大多数衡量创新的基础指标，但是国内目前存在的综合评价指标体系也有一些缺陷：首先，由于中国各类统计年鉴统计口径的变化，这些指标体系中很多基础指标的数据难以获得，无法对中国各个省份的创新能力进行时空差异分析；其次，这些指标体系的基础指标有的是总量指标，有的是相对指标，导致中国各个省份的创新能力评价结果与实际情况不符。因此，为了解决这些问题带来的干扰，本书有必要构建新的指标体系来衡量区域创新能力。

结合第二章提到的创新理论和区域创新系统的特点，考虑到国内外学者对区域创新能力的评价方法存在的不足，本书构建的区域创新能力评价指标体系包括3个一级指标，分别是创新投入、创新产出和创新环境；9个二级指标，分别是研发人员投入、研发资本投入、企业家精神、期望产出、非期望产出、市场供求、文化教育、政府扶持和基础设施；36个三级指标，包括每万研发人员折合全时当量、研发经费投入强度等。构建综合评价指标体系时，研究者需要根据不同的评价目的，在相关理论的基础上，遵循一些构建原则，选择互相联系的多个指标，并运用某种评价方法，将多个指标的信息转化成能够评价总体特征的信息。在综合评价指标体系确定后，评价指标的无量纲化处理以及每个评价指标权重系数的确定对综合评价结果的影响最大。

一、评价指标的无量纲化处理

综合评价指标体系中的各种评价指标通常具有不同的量纲，为了消除量纲上的差异对研究的影响，应对各评价指标进行无量纲化处理。目前，在各种文献中，最常用的评价指标无量纲化处理方法主要有三种，分别是极差正规化法、标准化法和均值化法。研究者应根据实际情况选择合适的方法，否则将会影响综合评价的准确性。

当采用极差正规化法时，无量纲化处理的公式为：

$$y_{ij} = \frac{x_{ij} - \min\{x_{ij}\}}{\max\{x_{ij}\} - \min\{x_{ij}\}} \quad (3-1)$$

公式（3-1）中，x_{ij} 表示第 i 个单位的第 j 个原始指标值，y_{ij} 为经过无量纲化处理的第 i 个单位的第 j 个指标值，可见原始指标的最大值和最小值会对评价指标的无量纲化处理产生很大的影响。鉴于综合评价中包含的评价指标较多，因此不适合使用极差正规化法进行无量纲化处理。

当采用标准化法时，无量纲化处理的公式为：

$$y_{ij} = \frac{x_{ij} - \bar{x}_j}{\sigma_j} \quad (3-2)$$

公式（3-2）中，$\bar{x}_j$ 和 σ_j 分别是指标 X_j 的均值和标准差。经标准化后，y_j 指标的均值为 0，方差为 1，消除了量纲不同产生的影响。虽然标准化法也会降低各指标变异程度上的差异，对综合评价结果有一定的影响，但这是目前学者最常用的方法。本书在对中国区域创新能力进行综合评价时，就是采用标准化法对各项评价指标进行无量纲化处理。

当采用均值化法时，无量纲化处理的公式为：

$$y_{ij} = \frac{x_{ij}}{\bar{x}_j} \quad (3-3)$$

公式（3-3）均值化后各指标的均值都为1，而且均值化后各指标的方差是各指标变异系数 $\bar{x}_j$ 的平方，能够保留各指标变异程度的信息。

总的来看，三种无量纲化处理方法都有一定的优势，但是无论采用什么方法都会有信息丢失，所以应根据实际情况选择合适的方法。

二、评价指标权重系数的确定

评价指标权重系数的确定方法不同，综合评价方法也不同。如果由专家组主观确定评价指标的权重系数，再进行综合评价，则称为主观赋权评价法，常用的有层次分析法、模糊评价法等。这些方法侧重定性分析，与专家的经验有关，有较强的主观性，因此，容易受到人为因素的干扰。如果根据评价指标的原始信息进行相关分析并确定权重系数，再进行综合评价，则称为客观赋权评价法，常用的有熵值法、主成分分析法、变异系数法等。这些方法根据评价指标的相关关系确定权重系数，评价结果比较精确，缺点是当指标较多时，计算量较大。由于本书对区域创新能力进行综合评价时，共选取了36项基础指标，评价指标较多，使用主观赋权评价法难以对每一项指标进行准确的评价，所以本书使用客观赋权评价法中的变异系数法来对每一项评价指标赋予权重系数，这更符合客观实际。

变异系数法是直接利用各项指标的原始数据，先计算各项指标的变异系数，再计算每项指标的变异系数占所有指标变异系数总和的比重，得到每项指标的权重系数。为了消除由各项评价指标的量纲不同带来的影响，本书使用变异系数来衡量各项指标取值的差异程度。第 i 项评价指标的变异系数公式如下：

$$V_i = \frac{\sigma_i}{\bar{x}_i} \quad (3-4)$$

式中：V_i 是第 i 项指标的变异系数，也称为标准差系数；σ_i 是第 i 项指标的标准差；$\bar{x}_i$ 是第 i 项指标的平均数。第 i 项指标的权重系数为：

$$W_i = \frac{V_i}{\sum_{i=1}^{n} V_i} \tag{3-5}$$

第二节 区域创新能力评价指标体系的构建

一、评价指标体系构建的原则

1. 全面性和科学性相结合

鉴于上文提到的区域创新过程的系统属性，即区域的经济、社会、政治、组织、制度等都会影响创新的开发、扩散和使用，因此，构建的创新能力评价指标体系应该是多方面、多层次的。本书从经济实力、市场供求、文化教育、政府扶持、基础设施等多角度全面地衡量创新能力，体现了创新的系统性。科学性原则主要体现在构建评价指标体系时，基于国内外创新理论，结合创新实践，选取一些能够反映中国区域创新实际情况的最本质、最有代表性的指标。

2. 主体和客体相结合

创新主体是创新实践活动和认识活动的承担者，政府、企业、大学、科研机构、个人等在创新活动中处于主体地位。创新客体是创新主体进行一系列创新实践活动和认识活动的对象，是创新的前提和基础。思想、理论、技术、产品等不仅是创新活动的对象，也是创新价值观的体现。创新主体和创新客体是创新活动中非常重要的两个因素，二者缺一不可。因此，评价指标体系将主体和客体相结合，不仅考虑了创新客体的客观性和对象性，也肯定了创新主体的能动性和创造性。

3. 过程和结果相结合

一个区域的创新能力不仅是创新结果的体现，也是创新过程的体现。创新结果固然重要，但是创新过程也不可忽视。过度看重创新结果，重视眼前利益，虽然短期内能取得一定的经济成效，但是不利于持续创新的进行，也不利于区域经济的可持续发展。因此，本书的评价指标既包括创新活动过程中各种创新投入指标，也包括各种创新产出指标，兼顾过程和结果，使指标体系更完整。

4. 可比性和可得性相结合

由于本书研究的区域较多，时间跨度较长，为了便于对同一区域不同时期的创新能力进行纵向比较研究，以及对同一时期不同区域的创新能力进行横向比较研究，选取的评价指标的统计口径是一致的，以保证评价结果的可比性。此外，真实客观地评价创新能力的前提是收集真实的原始数据，但考虑到区域创新能力涉及的方面较多，有些方面的数据缺乏统一的口径，因此收集评价指标所需要的数据时兼顾了原始数据的可得性。

二、评价指标体系的构建及说明

结合第二章提到的创新理论和区域创新系统的特点，考虑到国内外学者对区域创新能力的评价方法存在的不足，本书构建的区域创新能力评价指标体系包括3个一级指标，分别是创新投入、创新产出和创新环境；9个二级指标，分别是研发人员投入、研发资本投入、企业家精神、期望产出、非期望产出、市场供求、文化教育、政府扶持和基础设施；36个三级指标，包括每万研发人员折合全时当量、研发经费投入强度等。

第三章 区域创新能力的评价分析

1. 创新投入

生产要素是进行一切经济活动所不可缺少的，与企业从事一般的生产活动需要投入生产要素一样，创新主体在进行创新活动时也需要投入一些生产要素。从本质上来看，创新活动中投入的生产要素至少包括劳动、资本及企业家才能。因此，本书从研发人员投入、研发资本投入、企业家精神三个方面衡量创新投入，具体指标选择及解释如表 3.1 所示。

（1）研发人员投入。创新活动本质上是人的创造性活动，一切创新成果都是人做出来的。人才的数量和质量是创新活动成败的决定力量，谁拥有了"高精尖"的专业人才，谁就会在创新活动中占据优势。Gallie 和 Legros（2012）、Banerjee 和 Roy（2014）、王超等（2017）、张春红（2019）等均认为人力资本显著促进了区域创新能力的提升。本书分别从五个角度衡量创新活动中的研发人员投入，具体用每万研发人员折合全时当量来衡量每个区域所有研发人员的相对投入数量、用科技服务业从业人员占总人口比重来衡量为创新活动服务人员的相对投入数量、用专业技术人员比重来衡量企事业单位在创新活动中投入的专业技术人员的相对数量、用高技术产业就业人员比重来衡量高技术产业在创新活动中投入的专业人才的相对数量、用全社会劳动生产率来衡量区域劳动者的生产效率。

（2）研发资本投入。在创新活动中，研发资本是指与创新活动有关的物品和货币资本的总和，如创新活动需要的厂房、机器设备等实物资本以及流动资金等货币资本。与创新活动有关的研发资本投入的多少，能直接反映一个企业、一个行业乃至一个国家对创新活动的重视程度。王家庭（2012）、王超等（2017）、潘雄锋等（2019）等学者均证实了研发资本投入对创新能力的重要影响。本书从三个方面衡量研发资本投入，具体用研发经费投入强度来衡量一个区域对创新的相对货币资本投入、用高技术产业企业研发经费投入强度来衡量创新活动中最重要的产业对创新的相对货币资本投入、用科技固定资产投资比重来衡量一个区域对创新的相对实物资本投入。

（3）企业家精神。企业家精神是企业家在经营、管理企业过程中表现出来的各种能力。企业家精神不仅是企业能够持续创新的源泉，也是区域经济可持续发展的内在动力。熊彼特在后来的创新理论研究中强调，应该对公司的企业家精神进行系统研究。陈云娟（2010）、唐国华（2014）、宛群超等（2019）均实证检验了企业家精神对创新能力的重要性。结合前人的研究，本书用每万人劳动者专利申请数和私营企业平均就业人数来衡量一个区域创新活动中的企业家精神，原因是一个区域的专利申请数量能够反映出企业的市场活力，也能够反映出企业家在创新活动上的投入和决策。企业是创新的主体，在中国，私营企业更能反映出企业的创新活力。私营企业的数量以及为社会带来的就业机会的多少，能够反映出该区域私营经济的进取性。

表 3.1 创新投入的指标选择及解释

一级指标	二级指标	三级指标	计算方法
创新投入	研发人员投入	每万研发人员折合全时当量	研发人员折合全时当量/年平均人口
		科技服务业从业人员占总人口比重	科技服务业从业人员数/总人口
		专业技术人员比重	公有经济企事业单位专业技术人员数/就业人员年底数
		高技术产业就业人员比重	高技术产业就业人员数/就业人员年底数
		全社会劳动生产率	GDP/年平均就业人员数
	研发资本投入	研发经费投入强度	研发经费投入/GDP
		高技术产业企业研发经费投入强度	高技术产业企业研发经费投入/营业收入
		科技固定资产投资比重	科技固定资产投资/全社会固定资产投资
	企业家精神	每万人劳动者专利申请数	专利申请数/年平均就业人员数
		私营企业平均就业人数	私营企业就业人数/私营企业户数

2. 创新产出

创新产出是创新活动的结果体现，创新产出成果的多少、好坏能够直接反映出创新活动的成败。本书在构建评价指标体系的过程中，不仅考虑了创新的期望产出，也考虑了创新的非期望产出，以全面衡量创新产出，具体指标选择及解释如表 3.2 所示。

（1）期望产出。创新的期望产出是指通过技术进步、产品改进等一系列创新活动，能够实现创新目的的好的预期产出，主要包括改进之后形成的新思想、新方法、新技术、新产品等，数量和种类越多越好。很多学者直接用这些创新成果衡量创新能力，如魏下海（2010）、李健等（2016）、程开明等（2018），可见期望产出的重要性。结合国内外研究，本书选取每万人授权专利数、每万人科技论文数、技术市场成交额占 GDP 比重、高技术产业主营业务收入占 GDP 比重四个基础指标来直接衡量创新的期望产出，因为授权专利数、科技论文数、技术市场成交额、高技术产业主营业务收入都是创新活动的直接产物，能直观反映创新成果。另外，这些好的预期产出还会进一步产生其他的外在经济效应，比如会增加就业、促进经济增长、完善产业结构等，这些方面的改进不仅是创新主体所期望的，还会为以后的创新活动奠定基础，因此本书还选取了人均 GDP 和第三产业比重来间接衡量创新的期望产出。

（2）非期望产出。创新的非期望产出是期望产出的伴随物，是创新主体不想要的结果，一般来说越少越好。比如，企业花费大量的人力、物力创造了技术成果却不能得到国家专利授权，不能获得新产品的短期垄断权，不能获得新产品初期带来的丰厚经济利润，这显然不是创新主体想要的结果。这是一种直观的非期望产出。除此之外，创新活动还有可能会间接产生一些其他的外部不经济的影响，比如能源消耗、水污染、空气污染等，这些产出也不是创新主体想要的结果，会对以后的创新活动产生负面影响。蒋开东等（2015）、常晓然等（2016）、王伟等（2017）等发现忽略非期望产出将导致创新能力被高估。因此，本书选取了未授权专利数占专利申请数比重、每万元 GDP 能耗量、每万元工业增加值污水排放量、每亿元 GDP 主要大气污染物排放量来衡量创新活动的非期望产出。

表 3.2 创新产出的指标选择及解释

一级指标	二级指标	三级指标	计算方法
创新产出	期望产出	人均 GDP	GDP/ 年平均人口
		第三产业比重	第三产业增加值 /GDP
		每万人授权专利数	授权专利数 / 年平均人口
		每万人科技论文数	科技论文数 / 年平均人口
		技术市场成交额占 GDP 比重	技术市场成交额 /GDP
		高技术产业主营业务收入占 GDP 比重	高技术产业主营业务收入 /GDP
	非期望产出	未授权专利数占专利申请数比重	未授权专利数 / 专利申请数
		每万元 GDP 能耗量	能耗总量 /GDP
		每万元工业增加值污水排放量	工业污水排放量 / 工业增加值
		每亿元 GDP 主要大气污染物排放量	大气污染物排放量 /GDP

3. 创新环境

在创新过程中，各种外部因素会影响创新主体进行创新活动，比如国家创新发展战略的实施、政府对创新的经费投入力度以及社会对创新的态度等，创新环境就像一块肥沃的土壤，滋养着创新的形成。结合国内外研究，本书从市场供求、文化教育、政府扶持、基础设施四个方面来衡量创新环境，具体指标选择及解释如表 3.3 所示。

（1）市场供求。市场让买卖双方通过买卖活动实现商品的交易、财富的兑换和价值的流转。市场将每一个市场参与者联系起来，是配置资源最有效的方式，是世界经济的晴雨表。任何创新都要接受市场的检验，如果创新成果能够通过市场检验，就能被消费者和生产者接受，如果不能通过市场检验，创新将变得没有意义。章立军（2006）、邹彩芬等（2014）、李平（2014）、郭雯（2015）、吕昭河（2019）都强调了市场供求在创新活动中的重要地位。市场使新技术、新工艺、新产品从幕后走到台前，不经历这一步，不能成为真正的创新。本书选取一些指标来衡量市场的需求、供给及对外开放程度。人均可支配收入水平能够反映国内消费者的收入状况，其会影响消费者对创新产品的需求。恩格尔系数不仅能够反映国内消费者的贫富程度，还能反映消费者对商品的需求层次的变化。地区税负率反映的是企业的税负水平，其会影响企业对创新产品的供给。在国际化常态化的今天，有必要将国外消费者的需求考虑在内，所以采用进出口总额占 GDP 比重衡量市场对外开放的程度。

（2）文化教育。文化的传承、创造和发展是人类社会发展进步的重要内容和精神动力，也是创新的基石。教育是传播和发展文化的基础，也是培养创新人才的摇篮，尤其是高等教育，在培养创新人才方面更加重要。文化教育对创新精神、创新意识和创新动力的培养发挥着重要作用，也对创新氛围的形成起到关键作用。司晓宏（2001）、沈云霞（2019）等论述了文化观念和教育方式对创新能力的影响。本书用人均文化事业费来反映政府对文化传播、社会文化事业发展的重视程度，用文教固定资产投资占全社会固定资产投资比重来反映对文化教育方面的相对投资，用人均教育经费来反映政府对教育的重视程度，用平均受教育年限来反映劳动者的平均受教育程度（具体计算方法是将劳动者的受教育程度分为文盲、小学、初中、高中、大专及以上五个层次，其相应的累积受教育年限分别设定为 0 年、6 年、9 年、12 年、16 年，然后以各省份各层次的劳动力所占比重对其加权算术平均，得到各省份从业人员的平均受教育年限），用大专及以上人口占六岁及以上人口比重来反映高等教育的现状。

（3）政府扶持。随着社会的不断发展，政府本身需要通过创新和变革来适应经济社会的变化，此外，政府还可以通过制定各种规则、法律程序和发展战略等来推动创新。刘思明等（2015）、白俊红等（2015）、吴超鹏等（2016）从不同的角度阐述了政府对创新的重要影响。尤其是在中国，政府导向非常重要。在"大众创业，万众创新"的背景下，政府对创新的扶持能更好地促进创新理念的普及和创新活动的开展，营造良好的创新氛围。鉴于相关法律、政策、规则数据缺乏，本书选取国家财政教育经费支出占GDP比重来反映政府对教育的投入，用科技经费占财政支出比重来反映政府对科学技术的扶持程度，用文化事业费占财政支出比重来反映政府对文化传承和发展的扶持程度，这些不仅会影响创新的方向，还会影响创新成果的多少。

（4）基础设施。基础设施是创新活动的基本条件，便捷的交通条件、发达的信息应用系统能够协助创新主体有效地工作，推进创新成果的转化，提高创新能力。李平等（2013）、梁双陆（2016）、孙早等（2018）分别从科技、交通、信息角度论述了基础设施对创新能力的影响。结合国内外学者的研究，本书用每平方千米运输线路长度和每万人拥有公共交通车辆来衡量交通条件，用每万人互联网用户来衡量电子信息应用系统的普及程度，用每万人全社会固定资产投资来衡量基础设施的相对投资额。

表3.3 创新环境的指标选择及解释

一级指标	二级指标	三级指标	计算方法
创新环境	市场供求	人均可支配收入水平	城镇居民人均可支配收入
		恩格尔系数	城镇居民人均食品烟酒消费支出/人均消费支出总额
		地区税负率	生产税净额/GDP
		进出口总额占GDP比重	进出口总额/GDP

续表

一级指标	二级指标	三级指标	计算方法
创新环境	文化教育	人均文化事业费	文化事业费/年平均人口
		文教固定资产投资占全社会固定资产投资比重	文教固定资产投资/全社会固定资产投资
		人均教育经费	教育经费/年平均人口
		平均受教育年限	加权计算就业人员的平均受教育年限
		大专及以上人口占六岁及以上人口比重	大专及以上人口数/六岁及以上人口数
	政府扶持	国家财政教育经费支出占GDP比重	国家财政教育经费支出/GDP
		科技经费占财政支出比重	科技经费/财政支出总额
		文化事业费占财政支出比重	文化事业费/财政支出总额
	基础设施	每万人互联网用户	互联网人数/总人口
		每平方千米运输线路长度	运输线路长度/区域面积
		每万人全社会固定资产投资	全社会固定资产投资/年平均人口
		每万人拥有公共交通车辆	公共交通车辆数/总人口

第三节 中国区域创新能力的时空演化格局

一、样本选择与数据来源

本书构建的区域创新能力评价指标体系选取的36项基础指标，使用的是除西藏、香港、澳门、台湾之外，中国30个省份2000—2017年的面板数据，相关数据均来自2001—2018年的《中国统计年鉴》《中国科技统计年鉴》《中国高技术产业统计年鉴》《中国环境统计年鉴》《中国劳动统计年鉴》以及《中国能源统计年鉴》，部分缺失数据通过平滑处理予以弥补。由于本章选取的36项评价指标的计量单位不同，因此在使用变异系数法对每一项评价指标赋予权重系数之后，在计算得分之前，将原始数据进行标准化处理，消除各项评价指标的量纲不同对总得分的影响。另外，在该评价体系选取的36项基础指标中，有30项正向指标，其指标值越大越好，有6项逆向指标，其指标值越小越好。本章的逆向指标分别是未授权专利数占专利申请数比重、每万元GDP能耗量、每万元工业增加值污水排放量、每亿元GDP主要大气污染物排放量、恩格尔系数和地区税负率。为了使评价结果更接近实际情况，本章将逆向指标进行了正向化处理，处理方法是对每项逆向指标标准化后的值取相反数。

二、区域创新能力评价过程及结果

本章构建的中国区域创新能力评价指标体系包括36项基础指标，首先使用变异系数法对每项指标赋予权重系数，再结合每项指标标准化后的值，加权得到每个省份2000—2017年的区域创新能力相对总得分。总得分大于零，说明该省份的创新能力高于全国平均水平；总得分小于零，说明该省份的创新能力低于全国平均水平。总得分绝对值越高，说明该省份的创新能力距离全国平均水平越远。综合评价结果见附录表1各省份创新能力得分（2000—2017年）。

三、区域创新能力的时空演变分析

空间是经济活动的载体，离开了空间，任何经济活动将无法进行。随着统计学和计量经济学的发展，人们发现很多经济活动呈现出空间分布特征。

第三章 区域创新能力的评价分析

近年来,学者用空间格局来描述各种经济活动在空间分布上表现出来的规律性,并从格局规模、格局强度、格局纹理三个方面来描述经济活动的空间格局。本章以此为基础分析中国各省份创新能力的空间格局。

1. 区域创新能力的空间格局规模

中国区域创新能力的空间格局规模主要通过各个省份创新能力的得分来衡量。得分高的省份,说明该省份创新能力的空间格局规模较大;得分低的省份,说明该省份创新能力的空间格局规模较小。由于上文的区域创新能力得分是使用各项评价指标标准化之后的数据,再结合变异系数法赋予的权重系数加权得来的,因此上文的评价体系结果展示的是中国各省份创新能力的相对得分,这里的创新能力空间格局规模表示的也是相对规模。结合上文的各省份创新能力得分,2000—2017年中国区域创新能力的空间格局规模呈现出以下特征。

(1)中国区域创新能力局部与整体基本上都呈现增长型演变格局。由于2000—2017年样本期间跨越中国国民经济和社会发展的五个五年规划时期,因此本章选取2000年代表"九五"时期、2001—2005年的平均值代表"十五"时期、2006—2010年的平均值代表"十一五"时期、2011—2015年的平均值代表"十二五"时期、2016—2017年的平均值代表"十三五"时期。增长型态势表示区域创新能力呈持续增长的趋势,从整体来看,中国区域创新能力平均得分"九五"时期为–0.4781,"十五"时期为–0.3376,"十一五"时期为–0.0762,"十二五"时期为0.2885,"十三五"时期为0.5522。结合图3.1也可以看出,中国区域创新能力整体上是逐年提升的。结合附录表1,从局部来看,在选取的中国30个省份中,部分省份在样本期间的创新能力都是不断提高的。比如,2000—2017年,山西、内蒙古、上海、福建、江西、山东、河南、湖南、广东、贵州这10个省份的创新能力呈现逐年增长态势。其他20个省份的创新能力除了在少数年份出现小幅下降以外,其他大多数年份也是不断提高的。比如,北京的创新能力

创新能力与区域经济增长质量

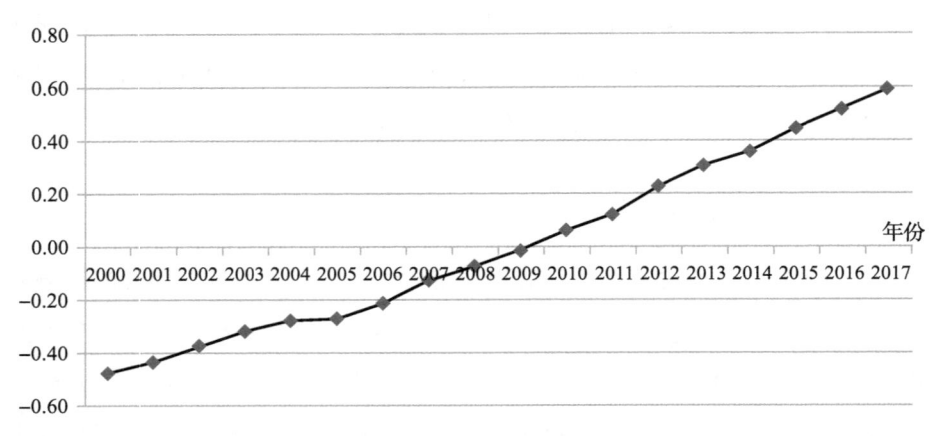

图 3.1 中国区域创新能力平均得分（2000—2017 年）

由 2004 年的 1.4645 下降为 2005 年的 1.4591，天津的创新能力由 2008 年的 0.6500 下降为 2009 年的 0.6153，河北的创新能力由 2004 年的 −0.4294 下降为 2005 年的 −0.4390，浙江的创新能力由 2004 年的 0.0004 下降为 2005 年的 −0.0347 等，而其他年份的创新能力也呈逐年增长态势。结合附录表 1，这 20 个省份在 2000—2017 年样本期间共出现 31 次小幅下滑，其中 23 次集中出现在"十五"时期，原因是"十五"时期是中国进入 21 世纪的第一个五年计划期，也是中国社会主义市场经济体制初步建立后的第一个五年计划期，是计划经济和市场经济的首次结合阶段，因此在该时期必然要经历一个互相排斥、互相融合的过程，导致这个时期中国经济社会发展的市场环境发生了重大变化，也导致有些省份的创新能力出现短暂的、小幅度的下滑趋势，比如浙江，如图 3.2 所示。此外，还有 3 次下滑集中出现在 2009 年，这可能与 2008 年爆发的国际金融危机有关。在美国次贷危机影响下，2009年中国各省份出口额大幅下降（比如天津的出口额由 2008 年的 415.0023 亿美元下降为 2009 年的 303.7506 亿美元，降幅高达 26.8075%），直接导致了国内很多中小企业倒闭，实体经济下滑，失业率上升，也导致了有些省份的创新能力出现下滑现象，比如天津，如图 3.3 所示。

（2）中国各省份的创新能力得分普遍较低，空间格局多以小规模为主。

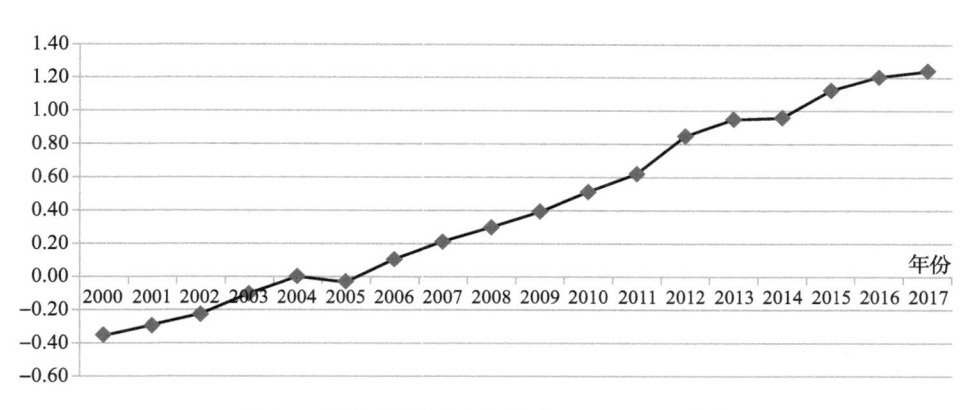

图 3.2 浙江创新能力得分（2000—2017 年）

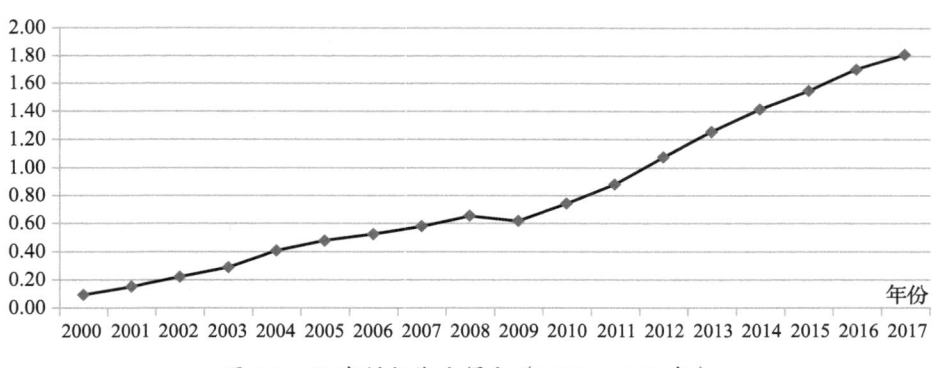

图 3.3 天津创新能力得分（2000—2017 年）

比如 2000 年，创新能力位于全国平均水平以上的省份只有 3 个，其他 27 个省份都位于全国平均水平以下。"十五"期间，创新能力位于全国平均水平以上的省份只有 4 个，其他 26 个省份都位于全国平均水平以下。"十一五"期间，创新能力位于全国平均水平以上的省份只有 6 个，其他 24 个省份都位于全国平均水平以下。"十二五"期间，创新能力位于全国平均水平以上的省份有 15 个，其他 15 个省份都位于全国平均水平以下。"十三五"期间，创新能力位于全国平均水平以上的省份有 27 个，其他 3 个省份都位于全国平均水平以下。虽然总体状况变好，但是得分普遍较低。结合表 3.4 样本期内各省份创新能力均值及排名情况可知，北京、上海、天津、广东、江苏、浙江这 6 个省份的创新能力较突出，而青海、甘肃、河南、山西、云南、宁

创新能力与区域经济增长质量

夏、广西、贵州明显落后于其他地区。这主要是因为创新能力领先地区拥有明显的创新要素优势，如完善的基础设施、丰富的高等学校资源、相对成熟的市场经济环境、较高的外贸依存度、良好的企业创新氛围等，这些创新要素正是相对落后地区所不具备的。总的来看，国内大多数省份的创新能力都还处于相对较低的水平，只有9个省份在样本期内的创新能力高于全国平均水平，且大都集中在东部沿海地区，其他21个省份低于全国平均水平，而且创新能力最低的几个省份大都位于中西部地区，这个结果与现实基本一致，可以用于下文的计量模型。

表 3.4 2000—2017 年各省份创新能力的均值及排名

省份	创新能力 均值	排名	省份	创新能力 均值	排名
北京	2.1029	1	新疆	−0.2588	16
上海	1.3231	2	四川	−0.2650	17
天津	0.7988	3	海南	−0.2682	18
广东	0.5370	4	湖南	−0.2722	19
江苏	0.4768	5	河北	−0.2787	20
浙江	0.4139	6	内蒙古	−0.2963	21
陕西	0.0542	7	江西	−0.2983	22
福建	0.0287	8	青海	−0.3013	23
辽宁	0.0263	9	甘肃	−0.3253	24
山东	−0.0175	10	河南	−0.3269	25
湖北	−0.1306	11	山西	−0.3651	26
黑龙江	−0.1434	12	云南	−0.3670	27
重庆	−0.1441	13	宁夏	−0.3901	28
吉林	−0.1457	14	广西	−0.4527	29
安徽	−0.2301	15	贵州	−0.4844	30

第三章 区域创新能力的评价分析

2. 区域创新能力的空间格局强度

中国区域创新能力的空间格局强度通过各省份创新能力得分的差异来衡量，创新能力得分的差异大小代表其空间格局强度的大小。本书选取创新能力得分的极差和标准差来衡量其离散程度。主要有以下结论。

（1）中国区域创新能力存在差异性，而且差异程度越来越大。首先，根据表3.5所示的2000—2017年中国整体创新能力的空间格局强度，从极差指标来看，除2001年和2005年小幅度缩小以外，其他年份均有扩大趋势，说明在样本期间中国整体创新能力存在差异，空间格局强度基本上呈现增强趋势；从标准差指标来看，由2000年的0.3894逐年增加为2017年的0.7788，也表明中国整体创新能力在样本期间存在差异，而且差异程度是逐年增加的。其次，结合表3.6所示的2000—2017年中国各省份创新能力的空间格局强度，从极差指标来看，创新能力得分较高的省份极差较大，如北京为2.4334，上海为1.9126，创新能力得分较低的省份极差较小，如云南为0.5446，新疆为0.7422，说明各省份的创新能力在样本期间存在差异，而且创新能力越高的省份差异越大，创新能力越低的省份差异越小，这会导致区域间创新能力更加不平衡；从标准差指标来看，除北京、天津、上海、江苏、浙江在0.5以上外，其他省份均在0.15~0.5之间，也说明在样本期间创新能力较高的省份波动幅度较大，创新能力较低的省份波动幅度较小，区域差异更加明显。

表3.5 中国整体创新能力的极差和标准差（2000—2017年）

年份	极差	标准差	年份	极差	标准差
2000	2.0509	0.3894	2004	2.1864	0.4737
2001	2.0029	0.3888	2005	2.1493	0.4844
2002	2.0855	0.4143	2006	2.1674	0.4987
2003	2.1543	0.4500	2007	2.4004	0.5473

续表

年份	极差	标准差	年份	极差	标准差
2008	2.4865	0.5598	2013	3.0508	0.6914
2009	2.5175	0.5766	2014	3.1469	0.7023
2010	2.6240	0.6000	2015	3.2389	0.7213
2011	2.6912	0.6138	2016	3.4457	0.7562
2012	2.8721	0.6565	2017	3.5100	0.7788

表3.6 各省份创新能力的极差和标准差（2000—2017年）

省份	极差	标准差	省份	极差	标准差
北京	2.4334	0.7958	河南	0.7921	0.2616
天津	1.7168	0.5427	湖北	1.0358	0.3342
河北	0.7485	0.2291	湖南	0.8937	0.2819
山西	0.8217	0.2828	广东	1.4425	0.4224
内蒙古	0.8640	0.2975	广西	0.8409	0.2774
辽宁	0.7732	0.2711	海南	0.7891	0.2576
吉林	0.7925	0.2462	重庆	1.2121	0.3932
黑龙江	0.7920	0.2474	四川	0.8637	0.2845
上海	1.9126	0.5903	贵州	1.0455	0.3120
江苏	1.7848	0.6344	云南	0.5446	0.1820
浙江	1.5946	0.5387	陕西	1.0488	0.3479
安徽	0.9767	0.3241	甘肃	0.8105	0.2594
福建	1.0349	0.3335	青海	0.8518	0.2719
江西	0.8205	0.2573	宁夏	1.0053	0.2799
山东	1.0563	0.3623	新疆	0.7422	0.2167

（2）中国区域创新能力局部差异显著，呈现空间分异格局。在样本期

间，各省份创新能力的分异格局基本比较稳定，在五个五年规划期间变动较小。如图3.4所示，河北、山西、内蒙古、吉林、黑龙江、江西、河南、湖南、广西、海南、四川、贵州、云南、甘肃、青海、宁夏、新疆基本处于增长较慢、创新能力较低的状态，形成了创新能力的低值区；北京、天津、上海、江苏、浙江、广东、陕西、山东等处于增长较快、创新能力较高的状态，形成了创新能力的高值区；福建、山东、重庆、陕西在"十三五"前期创新能力增长显著，逐步进入高值区。

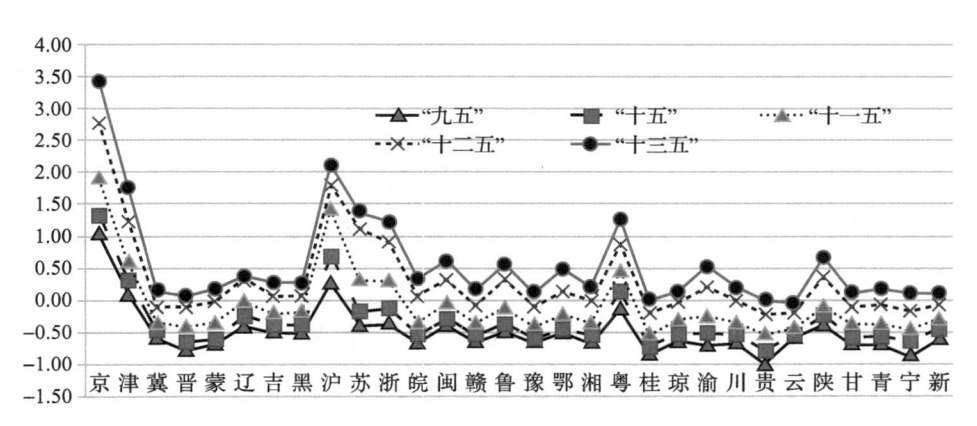

图3.4 中国区域创新能力空间分异图

（3）中国区域创新能力存在区域内的集聚性与区域间的差异性。其中，空间集聚性表现为中国各省份创新能力得分与相邻地区存在相似性。结合图3.5可知，低创新能力区主要分布在中部地区和西部地区，中创新能力区主

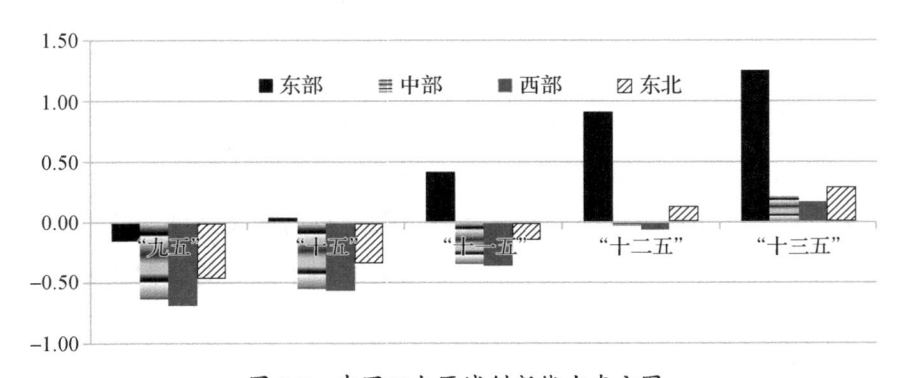

图3.5 中国四大区域创新能力直方图

要分布在东北地区，高创新能力区主要分布在东部地区，而且高创新能力区和其他区域差异较大。除此以外，四大区域的创新能力在五个五年规划时期的增长速度也不一样，东部地区增长速度最快，东北地区次之，增长最慢的是中部地区和西部地区。总体来看，四大区域在"十一五"和"十二五"时期增长速度较快，在"十五"和"十三五"时期增速较为缓慢。

3. 区域创新能力的空间格局纹理

（1）探索性空间数据分析。时空是人类从事经济活动的载体，各种经济活动不仅在时间上是相关的，在空间上也是相关的。1970年，美籍地理学家Waldo R. Toble 提出，空间距离越近，相关性越大。空间自相关就是用来分析某一变量在不同空间上的相互依赖程度的统计方法。但是在分析某种经济现象是否存在空间相关性之前，需要进行探索性空间数据分析，即识别空间数据是否存在异常值，描述数据的空间分布特征，检测经济现象是否存在空间集聚，并提示其空间上的相互作用机理，具体包括构建空间权重矩阵、选取空间自相关的度量指标以及识别空间关联等。

（2）构建空间权重矩阵。由于空间是多维的，在度量空间自相关之前，需要构建空间权重矩阵来度量不同空间的相邻程度。如果研究的区域为 n 个，那么空间权重矩阵 W_n 为 $n \times n$ 的对称矩阵，其元素为 $\{W_{ij}\}$，$i, j=1, \cdots, n$，表示区域 i 和区域 j 空间联系的紧密程度。空间权重矩阵 W_n 通常被标准化成行元素之和为1，以消除量纲的影响。常用的空间权重矩阵构建方式主要有以下三种。

第一种是基于邻近概念的空间权重矩阵：根据邻接标准，当区域 i 和区域 j 相邻时，空间权重矩阵的元素 $\{W_{ij}\}$ 为1，其他情况为0。

第二种是基于距离的空间权重矩阵：假定空间相关强度与两个区域的行政中心之间的距离有关，则 $\{W_{ij}\}$ 的取值取决于距离的倒数或倒数的平方等。

第三种是经济距离空间权重矩阵：这是一种复合权重矩阵，不仅考虑了区域间的空间距离，还考虑了经济和社会因素的影响。

区域间经济活动会受到很多因素的影响，而空间权重矩阵能够从不同角度反映变量间空间关联的程度，因此，空间权重矩阵的设定和选择对空间计量分析非常重要。目前很多学者在做空间计量分析时使用 0-1 邻接矩阵，为了对后面章节的实证分析进行稳健性检验，本书参考黄飞等（2014）的做法构建本书将用到的多种空间权重矩阵（见表 3.7）。

表 3.7 空间权重矩阵的构建方法

矩阵类型	矩阵描述	计算方法
邻接矩阵	0-1 空间权重矩阵 W_1	$W_{ij} = \begin{cases} 0 \ (\text{省份}\ i \text{、} j\ \text{不相邻}) \\ 1 \ (\text{省份}\ i \text{、} j\ \text{相邻}) \end{cases}$
距离空间权重矩阵	基于地理距离的空间权重矩阵 W_2	$W_{ij} = \begin{cases} 0 \ (i=j) \\ \dfrac{1}{d_{ij}^2} \ (i \neq j) \end{cases}$ d_{ij} 为 i 和 j 两个省份省会城市之间的距离
经济空间权重矩阵	基于经济变量差的空间权重矩阵 W_3	$W_{ij} = \begin{cases} 0 \ (i=j) \\ \dfrac{1}{\|X_i - X_j\|} \ (i \neq j) \end{cases}$ X_i 为省份 i 经济发展水平的代理变量，本书取人均 GDP
经济距离空间权重矩阵	距离空间权重矩阵 W_2 与经济空间权重矩阵 W_3 的组合 W_4	$W_4 = \varphi W_2 + (1-\varphi) W_3$，$\varphi$ 取值范围为 0~1，本书取值为 0.5

（3）空间自相关分析。近年来，多数学者使用全局 Moran's I 指数和局部 Moran's I 指数来分析空间自相关。全局 Moran's I 指数是度量空间自相关的全局指标，用来衡量区域间整体上的空间关联与空间差异程度，其计算公式为：

$$I = \frac{\sum_{i}^{n}\sum_{j \neq i}^{n} W_{ij}(x_i - \bar{x})(x_j - \bar{x})}{S^2 \sum_{i}^{n}\sum_{j \neq i}^{n} W_{ij}} \quad (3-6)$$

其中：n 是观察值的数目；x_i 是在位置 i 的观察值；$\bar{x} = \frac{1}{n}\sum_{i}^{n} x_i$；$S^2 = \frac{1}{n}\sum_{i}^{n}(x_i - \bar{x})^2$；$W_{ij}$ 是对称的空间权重矩阵。

若 $I<0$ 表示负相关，$I>0$ 表示正相关，$I=0$ 表示不相关，而且可以用统计量 Z 值进行检验，则计算公式为：

$$Z_i = \frac{x_i - \bar{x}}{\sigma} \quad (3-7)$$

但是全局 Moran's I 指数反映的是研究区域相似属性的平均集聚程度，不能反映局部集聚特征，因此，还需要使用局部 Moran's I 指数即 LISA 指数进行局部分析，其计算公式为：

$$I_i(d) = Z_i \sum_{j \neq i}^{n} W_{ij} Z_j \quad (3-8)$$

$I_i(d)>0$，表示该区域与邻近区域经济现象相似（"高－高"或"低－低"）；$I_i(d)<0$，表示该区域与邻近区域经济现象不相似（"高－低"或"低－高"）。Moran's 散点图分为四个象限，对应四种不同的空间格局：HH 集聚类型表示相邻区域间存在正空间自相关，即存在高创新能力区域的空间集聚效应；LL 集聚类型表示相邻区域间存在正空间自相关，即存在低创新能力区域的空间集聚效应；HL 集聚类型表示相邻区域间存在负空间自相关，即高创新能力区域被低创新能力区域包围；LH 集聚类型表示相邻区域间存在负空间自相关，即低创新能力区域被高创新能力区域包围。结合 Moran's 散点图和局部 Moran's I 指数可绘制出中国各省份创新能力的 LISA 集聚地图。

（4）区域创新能力的空间格局纹理结论。中国区域创新能力的空间格局纹理通过各省份创新能力得分的集聚程度来衡量。中国区域创新能力的整体集聚特征是通过全局空间自相关反映的。本章采用距离空间权重矩阵 W_2，使用 Stata 15.0 软件得出中国区域创新能力的全局 Moran's I 指数，如表 3.8 所示。从表中可知，2000—2017 年中国区域创新能力的全局 Moran's I 指数均大于零，并且通过了 5% 的显著性检验，说明中国区域创新能力总体具有正的空间相关性，即呈现显著的空间集聚性，而且随着时间的推移，空间集聚程度有升高趋势。鉴于全局 Moran's I 指数不能反映局部区域的空间集聚特征，因此还需要使用局部 Moran's I 指数进行局部分析。

表 3.8　中国区域创新能力的全局 Moran's I 指数

年份	I	Z	P	年份	I	Z	P
2000	0.3000	4.1130	0.0000	2009	0.2610	3.5070	0.0000
2001	0.2960	4.0250	0.0000	2010	0.2700	3.5970	0.0000
2002	0.2720	3.7570	0.0000	2011	0.2970	3.8710	0.0000
2003	0.2700	3.6410	0.0000	2012	0.3130	4.0380	0.0000
2004	0.2830	3.7620	0.0000	2013	0.3180	4.1360	0.0000
2005	0.2960	3.8820	0.0000	2014	0.3190	4.1790	0.0000
2006	0.2950	3.8570	0.0000	2015	0.3270	4.2440	0.0000
2007	0.2690	3.6010	0.0000	2016	0.3230	4.2250	0.0000
2008	0.2790	3.7160	0.0000	2017	0.3200	4.1830	0.0000

本研究使用 GeoDa 软件制作了中国各省份创新能力在"九五""十五""十一五""十二五""十三五"期间的 LISA 集聚地图，发现中国区域创新能力得分相似的地区在空间上呈集聚分布。

首先，区域创新能力总体呈现 HH 型和 LL 型的空间俱乐部现象。其中，低低集聚区最多，高高集聚区次之，高低集聚区与低高集聚区较少，分别约占总数的 58.73%、20.63%、11.11%、9.52%。

其次，创新能力的高高集聚区主要分布在东部地区，如北京、天津、上海、江苏、浙江、福建等，形成了较稳定的高高集聚区；低低集聚区主要分布在西部地区和中部地区，如内蒙古、甘肃、青海、四川、贵州、云南、新疆等，中部地区和西部地区创新能力集聚类型在不断调整，基本形成了较稳定的低低集聚区，发展不均衡性突出；高低集聚区主要分布在陕西、广东等，反映了创新能力存在空间溢出效应；而低高集聚区主要集中在河北。

第四节 本章小结

本章在充分理解区域创新相关理论的基础上，选取36项基础指标构建了中国区域创新能力评价指标体系，并使用标准化和变异系数法测算了中国30个省份（除西藏、香港、澳门、台湾）2000—2017年的区域创新能力相对总得分，然后从格局规模、格局强度、格局纹理三个方面来描述中国区域创新能力的空间格局演变过程。研究发现，样本期间中国区域创新能力局部与整体基本上都呈现增长型演变格局，但是存在区域间的差异性，东部地区创新能力最高，东北地区次之，中西部地区最低。各省份的创新能力表现出一定的空间集聚特征，而且随着时间的推移，呈现显著的HH型和LL型的空间俱乐部现象，其中高高集聚区主要分布在东部地区，低低集聚区主要分布在西部地区和中部地区。

第四章 区域经济增长质量的测度分析

21世纪以来,中国经济增长质量处于什么水平?是否有利于现阶段的高质量发展?此外,为了更好地分析创新能力对区域经济增长质量的影响机制,首先应该了解中国区域经济增长质量的测度及时空演变。本章第一节先梳理经济增长质量测度的相关研究,然后讨论到底应选择什么指标来测度区域经济增长质量;第二节介绍与经济增长质量的测算直接相关的绿色全要素生产率的测算方法、结果及时空演变;第三节测算绿色全要素生产率对经济增长的贡献份额,以此来衡量经济增长质量,并分析其时空演变过程;第四节根据第二节和第三节的分析对本章进行小结。

第一节 经济增长质量测度指标的选择

经济增长涉及数量和质量两个方面,其中经济增长质量主要反映经济增长的优劣程度。国内学者对中国经济增长质量的测度指标主要有以下两类。一类是效率测度指标。例如,李平等(2017)、李强等(2019)使用全要素生产率来衡量经济增长质量。钞小静等(2008)使用全要素生产率对经

创新能力与区域经济增长质量

济增长的贡献度衡量经济增长质量。李玲等（2013）、茹少峰（2014）、韩晶（2016）、武义青（2018）等使用绿色全要素生产率作为各地区经济增长质量的度量指标。另一类是综合评价指标。例如，随洪光等（2014）从增长效率、稳定性和可持续性三个方面来衡量经济增长质量。廖筠等（2015）从经济发展状况、经济发展潜力、人民生活水平和环境保护质量四个方面评价经济增长质量。李胭胭等（2016）从经济增长稳定性、经济增长结构、科技创新能力、福利分配和人民生活、资源利用和生态环境代价方面综合评价了河南省的经济增长质量。

对中国经济增长质量的测度，不管是采用单一效率测度指标还是综合评价指标，都各有利弊。虽然综合评价指标能够更好地反映经济增长质量内涵的广泛性，但是不同的学者根据不同的研究需要各自建立了不同的综合评价指标体系，指标的选取带有一定的主观性，而且指标权数的确定方法也千差万别，这些都会导致研究结论差别较大。而全要素生产率测度指标是基于经济增长核算测度的，有较强的理论基础，集中反映了除生产要素之外驱动经济增长的核心动力，因而被看作经济增长质量的度量指标。但这方面的文献仍存在一定的问题，就是很多学者直接用基于软件测算得到的全要素生产率测度经济增长质量，这会导致"鞭打快牛"的问题。全要素生产率水平高的省份，全要素生产率的增长率未必高，我们不能因此就认为其经济增长质量低。而那些全要素生产率水平低的省份，全要素生产率提升的空间更大，增长率更高一些，我们也不能因此就认为其经济增长质量高。因此，用全要素生产率对经济增长的贡献份额测度经济增长质量比直接用全要素生产率更好一些。但是，在当今中国追求高质量发展的阶段，经济增长质量更应该反映经济增长过程中的资源消耗和环境污染，而传统的全要素生产率不能反映这一点。因此，为了解决上述问题，我们认为绿色全要素生产率对经济增长的贡献份额是全面客观地衡量经济增长质量的最佳指标。

本书拟将资源消耗和污染排放纳入绿色全要素生产率测算体系，利用基于至弱有效前沿最近距离的方向性距离函数和与之相适应的 Malmquist–

Luenberger 指数估算各个省份的绿色全要素生产率，并将其对经济增长的贡献份额作为经济增长质量的度量指标，也即采用如式（4-1）所示的绿色全要素生产率对经济增长的贡献份额（S_A）作为测度经济增长质量的指标。

$$S_A = g_A / g_Y \tag{4-1}$$

其中，g_A 代表绿色全要素生产率的增长速度，g_Y 代表经济的增长速度。

在此基础上，对各省份的经济增长质量做相关分析，考察区域间经济增长质量的差异及时空演化趋势，并找寻差距的影响因素。

第二节 绿色全要素生产率的测度方法

本章拟对各省份 2001—2017 年的经济增长质量做一个系统的比较。要测算如式（4-1）所示的经济增长质量指标，也就是绿色全要素生产率对经济增长的贡献份额（S_A），关键是测算得到分子——绿色全要素生产率的增长速度（g_A）。因为分母（g_Y）就是各省份 2001—2017 年的 GDP 增长率，衡量经济的增长速度。下面，我们将运用非参数方法的典型代表方法即数据包络分析法（Data Envelopment Analysis，DEA）测算各省份 2001—2017 年的绿色全要素生产率指数，然后通过将该指数减 1 的方法，得到绿色全要素生产率的增长速度。具体介绍如下。

一、方法与模型选择

数据包络分析法（DEA）是一种对被评价对象进行相对比较的非参数技术效率分析法，其通过考虑多种投入的运用和多种产出的产生，将多种投入和产出转化为效率指标的分子和分母，而无须转换成相同的货币单位，是一种比较有效的效率评价方法。Malmquist 指数最早源于 Malmquist（1953），Fare 等（1992）最早采用 DEA 方法计算 Malmquist 指数，并将该指数分解为技术效率的变化（EC）和生产技术的变化（TC）。Chung 等（1997）将包含坏产出的方向距离函数应用于 Malmquist 指数模型，并将得出的 Malmquist 指数称为 Malmquist-Luenberger 指数。

本书采用 MaxDEA 软件的 Malmquist-Luenberger 指数来计算中国各省份 2001—2017 年的绿色全要素生产率指数时，距离函数采用的是 Charnes、Roussea 和 Semple（1996）提出的至弱有效前沿最近距离，即被评价 DMU 与前沿的最近距离。模型导向为产出导向，从产出方面测度被评价单元无效率的程度。衡量规模报酬时选择规模收益可变模型，因为这样设定得出的技术效率是纯技术效率，剔除了规模效率的变化。选择的前沿为凸性前沿，即通常的数据包络分析的前沿。Malmquist-Luenberger 指数选择以 2000 年为基期的固定参比，这样得出的结果更有可比性，而且具备传递性，可累计相乘。

Malmquist 指数用于分析两个时期生产率的变化（后一个时期与前一个时期生产率的比值），x 表示投入，y 表示产出。固定参比 Malmquist 模型由 Berg 等（1992）提出，以某一固定时期作为参考集，即各期共同的参考集为 $S^f=\{(x_j^f, y_j^f)\}$，其中，x_j^f 为固定时期的投入指标变量，y_j^f 为固定时期的产出指标变量。由于各期参考的是固定前沿，因此计算出来的是单一 Malmquist 指数，即：

$$M_f(x^{t+1}, y^{t+1}, x^t, y^t) = \frac{E^f(x^{t+1}, y^{t+1})}{E^f(x^t, y^t)} \quad (4-2)$$

相邻两期在计算 Malmquist 指数时参考的是同一前沿，但是效率变化的计算仍然采用各自的前沿：

$$EC = \frac{E^{t+1}(x^{t+1}, y^{t+1})}{E^t(x^t, y^t)} \quad (4-3)$$

前沿 $t+1$ 与固定前沿接近的程度可由 $\frac{E^f(x^{t+1}, y^{t+1})}{E^{t+1}(x^{t+1}, y^{t+1})}$ 来表示，比值越大说

明前沿 t+1 与固定前沿越接近；前沿 t 与固定前沿接近的程度可由 $\dfrac{E^f(x^t, y^t)}{E^t(x^t, y^t)}$ 来表示；前沿 t+1 与前沿 t 相比，其变动情况可以由两个比值的比值来表示：

$$TC_f = \dfrac{E^f(x^{t+1}, y^{t+1})/E^{t+1}(x^{t+1}, y^{t+1})}{E^f(x^t, y^t)/E^t(x^t, y^t)} = \dfrac{E^f(x^{t+1}, y^{t+1})}{E^{t+1}(x^{t+1}, y^{t+1})} \dfrac{E^t(x^t, y^t)}{E^f(x^t, y^t)} \quad (4-4)$$

在 MaxDEA 软件的分析结果中，将 VRS Malmquist 模型得出的 Malmquist 指数（MI）分解为效率变化（Efficiency Change，EC）和技术变化（Technological Change，TC）之积，即：

$$M_f(x^{t+1}, y^{t+1}, x^t, y^t) = \dfrac{E^f(x^{t+1}, y^{t+1})}{E^f(x^t, y^t)} = \dfrac{E^{t+1}(x^{t+1}, y^{t+1})}{E^t(x^t, y^t)} \left(\dfrac{E^f(x^{t+1}, y^{t+1})}{E^{t+1}(x^{t+1}, y^{t+1})} \dfrac{E^t(x^t, y^t)}{E^f(x^t, y^t)} \right)$$

$$= EC \times TC_f \quad (4-5)$$

二、指标选择与数据说明

为了保证数据的可得性与统计口径的一致性，本书仍选取 2001—2017 年中国 30 个省份（除西藏、香港、澳门、台湾）作为研究对象。测度绿色全要素生产率时，不仅要考虑经济增长，还要考虑资源消耗和环境污染。因此，本书选取以下投入和产出变量对中国各省份绿色全要素生产率指数进行测算。

投入指标包括劳动投入、资本投入和能源投入。劳动投入以各省份年平均就业人员数衡量。资本投入以各省份资本存量衡量，而且估算方法为"永续盘存法"，具体估算公式为 $K_{it} = K_{it-1}(1-\delta) + I_{it}$。其中，$K_{it}$ 和 K_{it-1} 分别代表 i 省份 t 时期和 $t-1$ 时期的资本存量，I_{it} 代表 i 省份 t 时期的固定资本形成总额，δ 为资本折旧率。具体估算过程为：先利用以 2000 年为基期的固定资产投资价格定基指数平减固定资本形成总额，来剔除价格波动对固定资本形成总额的影响，得到实际固定资本形成总额；再借鉴张军（2004）的做法，采用10%的折旧率,使用实际固定资本形成总额以2000年为基期对资本存量进行估算,从而得到各省份的资本存量。能源投入采用能源消费总量来衡量。

产出指标包括期望产出和非期望产出。期望产出采用各地区GDP总量来衡量,并利用各省份各年GDP物量指数,采用乘法将其转换成按2000年不变价计算的价值量。非期望产出选取工业污水排放量和大气污染物(包括粉尘、烟尘、二氧化硫)排放量来衡量。由于非期望产出包含的指标较少,为了减少非期望产出对测算结果的影响,本书借鉴许淑婷(2016)的做法,首先采用第三章提到的极差正规化法对非期望产出指标的原始数据进行无量纲化处理,再利用变异系数法赋予权重,将非期望产出指标值整理成非期望产出综合值。所有数据均来源于2001—2018年的《中国统计年鉴》《中国能源统计年鉴》《中国环境统计年鉴》《中国环境年鉴》以及各地方统计年鉴。

三、测度结果

本章采用MaxDEA软件的Malmquist–Luenberger指数来计算中国各省份2001—2017年的绿色全要素生产率指数。测算结果如表4.1所示。

表4.1 中国各省份绿色全要素生产率指数(2001—2017年)

省份	2001年	2002年	2003年	2004年	2005年	2006年	2007年	2008年
北京	1.0100	1.0093	1.0112	1.0085	1.0090	1.0272	1.0540	1.0423
天津	1.0270	1.0442	1.0386	1.0383	1.0191	1.0266	1.0169	1.0126
河北	1.0044	1.0040	1.0444	1.0366	1.0306	1.0231	1.0147	1.0185
山西	1.0009	1.0024	0.9969	1.0165	1.0061	0.9901	1.0274	1.0038
内蒙古	1.0352	1.0205	0.9974	0.9833	1.0220	1.0098	1.0046	0.9997
辽宁	1.0452	1.0427	1.0344	1.0251	1.0158	1.0243	1.0207	1.0272

续表

省份	2001年	2002年	2003年	2004年	2005年	2006年	2007年	2008年
吉林	1.0062	1.0078	1.0169	1.0314	1.0049	1.0078	1.0011	0.9954
黑龙江	1.0454	1.0401	1.0300	1.0336	1.0220	1.0223	1.0176	1.0140
上海	1.0458	1.0509	1.0491	1.0549	1.0433	1.0457	1.0498	1.0323
江苏	1.0429	1.0279	1.0607	1.0614	1.0551	1.0518	1.0472	1.0370
浙江	1.0034	1.0402	1.0339	1.0392	1.0464	1.0480	1.0431	1.0252
安徽	1.0253	1.0302	1.0221	1.0238	1.0122	1.0127	1.0171	1.0121
福建	1.0367	1.0376	1.0284	1.0270	1.0193	1.0247	1.0192	1.0088
江西	1.0385	1.0178	1.0006	1.0056	1.0044	1.0013	1.0091	1.0151
山东	0.9834	1.0602	1.0615	1.0633	1.0569	1.0511	1.0452	1.0353
河南	1.0486	1.0329	1.0237	1.0368	1.0219	1.0092	0.9998	1.0100
湖北	1.0139	1.0369	1.0282	1.0302	1.0310	1.0244	1.0251	1.0207
湖南	1.0333	1.0280	1.0184	1.0243	1.0107	1.0172	1.0250	1.0132
广东	1.0551	1.0420	1.0597	1.0548	1.0501	1.0479	1.0438	1.0285
广西	1.0413	1.0386	1.0232	1.0168	1.0080	0.9987	0.9976	0.9970
海南	1.0366	1.0306	1.0266	1.0209	1.0161	1.0246	1.0348	1.0025
重庆	1.0052	1.0027	0.9994	1.0011	1.0008	1.0021	1.0145	1.0238
四川	1.0217	1.0440	1.0257	1.0283	1.0284	1.0230	1.0213	1.0051
贵州	1.0052	1.0046	1.0017	1.0032	1.0015	1.0028	1.0045	1.0055
云南	1.0048	1.0051	1.0017	1.0047	1.0020	1.0053	1.0095	1.0232
陕西	1.0053	1.0019	0.9967	0.9990	0.9988	1.0046	1.0038	1.0092
甘肃	1.0256	1.0221	1.0191	1.0156	0.9987	0.9960	0.9982	0.9730
青海	1.0004	1.0002	0.9986	1.0201	1.0253	1.0238	1.0172	1.0179
宁夏	1.0018	0.9987	0.9964	1.0037	0.9938	1.0010	1.0005	1.0033
新疆	1.0015	1.0018	0.9988	0.9965	1.0001	1.0021	1.0172	1.0222

续表

省份	2009年	2010年	2011年	2012年	2013年	2014年	2015年	2016年	2017年
北京	1.0436	1.0428	1.0312	1.0275	1.0278	1.0268	1.0250	1.0264	1.0233
天津	1.0018	1.0195	1.0539	1.0475	1.0398	1.0262	1.0314	1.0375	1.0127
河北	1.0365	1.0424	1.0383	1.0333	1.0269	1.0204	1.0204	1.0195	1.0357
山西	0.9836	1.0045	1.0026	1.0214	1.0368	1.0187	1.0127	1.0422	1.0512
内蒙古	0.9950	1.0463	1.0515	1.0371	1.0244	1.0185	1.0240	1.0540	1.0251
辽宁	1.0407	1.0402	1.0327	1.0230	1.0183	1.0109	1.0106	1.0359	1.0316
吉林	0.9968	1.0285	1.0520	1.0560	1.0306	1.0147	1.0265	1.0667	1.0222
黑龙江	1.0131	1.0171	1.0021	1.0074	1.0340	1.0195	1.0344	1.0532	1.0327
上海	1.0248	1.0345	1.0232	1.0183	1.0209	1.0113	1.0121	1.0389	1.0290
江苏	1.0332	1.0311	1.0249	1.0213	1.0187	1.0159	1.0146	1.0125	1.0108
浙江	1.0245	1.0337	1.0251	1.0217	1.0224	1.0287	1.0260	1.0591	1.0321
安徽	1.0076	1.0161	1.0140	1.0111	1.0106	1.0292	1.0409	1.0814	1.0463
福建	1.0133	1.0419	1.0290	1.0504	1.0335	1.0237	1.0345	1.0600	1.0291
江西	0.9997	1.0081	1.0055	1.0151	1.0168	1.0179	1.0246	1.0541	1.0387
山东	1.0330	1.0305	1.0250	1.0208	1.0191	1.0161	1.0139	1.0125	1.0115
河南	1.0438	1.0467	1.0414	1.0331	1.0277	1.0257	1.0227	1.1200	1.0590
湖北	1.0202	1.0217	1.0330	1.0532	1.0416	1.0276	1.0344	1.0896	1.0422
湖南	1.0010	1.0018	1.0230	1.0380	1.0428	1.0370	1.0389	1.0856	1.0587
广东	1.0248	1.0291	1.0218	1.0167	1.0163	1.0140	1.0150	1.0502	0.9951
广西	0.9718	0.9563	1.0198	1.0173	1.0707	1.0446	1.0467	1.0755	1.0321
海南	0.9988	1.0094	0.9930	0.9731	0.9801	1.0081	1.0090	1.0200	1.0117
重庆	1.0318	1.0416	1.0479	1.0254	1.0249	1.0418	1.0458	1.0698	1.0445
四川	1.0132	1.0227	1.0740	1.0635	1.0437	1.0204	1.0280	1.0486	1.0585

续表

省份	2009年	2010年	2011年	2012年	2013年	2014年	2015年	2016年	2017年
贵州	1.0008	1.0080	1.0036	1.0048	1.0055	0.9997	1.0133	1.0307	1.0092
云南	1.0122	0.9915	0.9700	1.0131	1.0123	1.0138	1.0402	1.0453	1.0770
陕西	1.0102	1.0111	1.0055	1.0498	1.0517	1.0349	1.0388	1.0796	1.0359
甘肃	0.9899	0.9950	0.9987	1.0172	1.0030	0.9944	1.0021	1.0165	1.0074
青海	0.9923	1.0243	1.0371	1.0387	1.0272	1.0178	1.0128	1.0137	1.0162
宁夏	1.0015	0.9981	1.0003	1.0047	1.0224	1.0110	1.0157	1.0148	1.0127
新疆	1.0061	1.0070	1.0040	0.9878	0.9791	1.0162	1.0404	1.0431	1.0277

结合表4.1的测算结果可知，总体来看，2001—2017年中国大部分省份的绿色全要素生产率大于1，说明样本期间大部分省份的绿色全要素生产率和前一年相比是提高的，有利于经济高质量发展的实现。

四、绿色全要素生产率的时空演变分析

在经济新常态背景下，中国经济从高速增长阶段步入高质量发展阶段，提高经济增长质量是关键，而经济增长质量的核心是绿色全要素生产率。结合表4.1的测算结果，下面对中国各省份绿色全要素生产率指数的时空演变进行分析。由于Malmquist指数（MI）可以分解为技术效率的变化（EC）和生产技术的变化（TC），因此，下文将从绿色全要素生产率指数（GTFP）、绿色技术效率指数（GEC）、绿色技术进步指数（GTC）三个方面对21世纪以来中国各省份绿色全要素生产率指数的变化进行分析。为了便于比较分析，将2001—2017年划分为四个时期，其中2001—2007年为加入WTO初期，2008—2010年为国际金融危机时期，2011—2013年为经济复苏时期，2014—2017年为经济新常态时期，并以各时期的均值代表各时期的总体情况。

创新能力与区域经济增长质量

1. 绿色全要素生产率指数

根据图 4.1，从全国平均水平来看，2001—2017 年中国整体的绿色全要素生产率指数均大于 1，说明在样本期间全国整体的绿色全要素生产率和前一年相比是提高的，这也意味着有利于中国整体经济增长质量的提高以及高质量发展的实现。但是中国整体的绿色全要素生产率指数的增长速度是不同的，2001—2007 年中国整体的绿色全要素生产率指数波动较小，比较稳定，但是 2008 年、2009 年下滑较明显，波动较大，这主要与当时爆发的国际金融危机有关，意味着中国绿色全要素生产率指数在不断提高的同时，也伴随着不稳定的现象。2010 年以后随着经济的复苏，2010—2015 年中国整体的绿色全要素生产率指数基本呈现波动中缓慢增长的趋势，2015—2016 年呈现急剧增长趋势，但 2017 年又有所下滑，这与 2010 年以后随着经济增速放缓，人们越来越意识到环境质量、绿色发展、经济增长质量的重要性有关。尤其是 2016 年是步入"十三五"时期的第一年，我国以改善环境质量为核心，坚持绿色发展，实行了史上最严格的环境保护制度，污染物的排放明显减少，使得 2016 年的绿色全要素生产率指数提升较快。当然，这也与近几年实施的创新驱动发展战略息息相关，在"大众创业，万众创新"的背景下，中国经济步入了高质量发展阶段，初见成效，有利于高质量发展的持续推进。

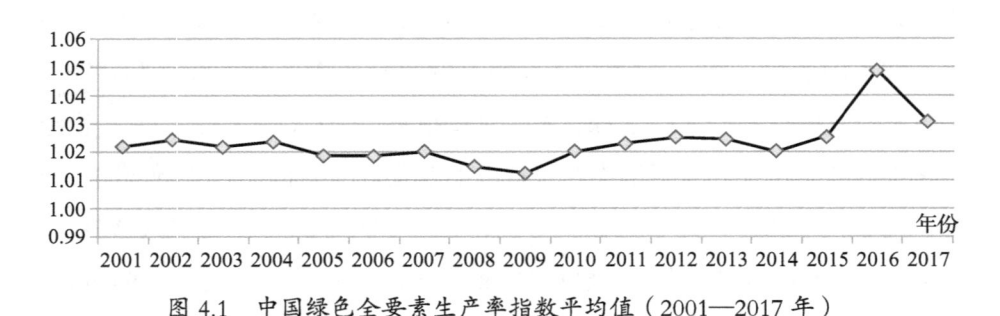

图 4.1 中国绿色全要素生产率指数平均值（2001—2017 年）

根据图 4.2，从各个省份来看，在样本选取的 30 个省份中，样本期间绿色全要素生产率指数的平均值都大于1，这说明2001—2017年各个省份的绿色全要素生产率是不断提高的，为经济增长质量的提升奠定了坚实的基础。但是，必须要看到省份间存在的差异，有的省份的绿色全要素生产率增长较快、较突出，如上海、江苏、浙江、山东、河南、湖北、广东、四川等，而有的省份增长较慢，如贵州、甘肃、宁夏、新疆。

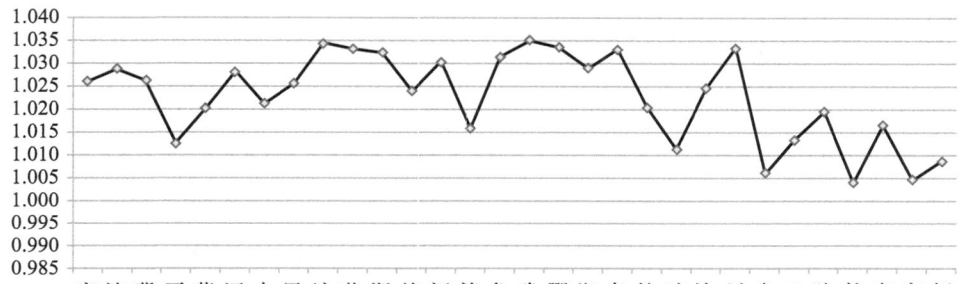

图 4.2　各省份绿色全要素生产率指数平均值（2001—2017年）

根据图4.3，从四大区域来看，2001—2017年东部、中部、西部和东北地区的绿色全要素生产率指数都是增长的，只是在不同时期增长的快慢不一样。比如在加入WTO初期和国际金融危机时期，东部地区的绿色全要素生产率指数增长最快，东北地区次之，最后是中部地区和西部地区。在经济复苏时期，东北地区和中部地区增长较快。在经济新常态时期，中部地区和西部地区增长较快。从各个区域来看，东部地区的绿色全要素生产率指数虽然在各个时期都是增长的，但是增长的速度是放缓的。原因分析如下：改革开放以后，我国率先实施东部沿海发展战略，使东部地区成为中国经济的"隆起"地带，其绿色全要素生产率增长普遍较快，在经济增长中发挥了重要的引领作用；随着国家西部大开发战略、中部崛起战略、东北振兴战略的实施，东部地区的发展会受一些影响，而且东部地区作为中国经济增长最快的地区，可开发利用的资源相对少一些，导致经济复苏以来绿色全要素生产率增长较慢。东北地区的绿色全要素生产率指数除了在国际金融危机时期增长较慢以外，其他时期都增长较快，甚至在经济复苏时期超过了东部地区。原

创新能力与区域经济增长质量

因分析如下：东北地区在 20 世纪 90 年代以前是我国重要的工业基地，经济比较发达，随着改革开放的深入以及东部沿海发展战略的实施，逐渐落后于东部地区；为了促进区域经济协调发展，自 2004 年起，我国开始启动东北振兴战略，随后还实施了关于东北振兴的"十二五"规划、"十三五"规划，加快东北老工业基地经济转型，为东北地区的经济增长创造了条件。中部地区的绿色全要素生产率指数在国际金融危机时期增长较慢，后来增长较快，甚至在经济新常态时期超过其他地区，增长最快，这主要是因为 2012 年《关于大力实施促进中部地区崛起战略的若干意见》发布后，我国更好地实施了中部地区崛起规划，优化了资源配置，形成了新的经济增长点，促进了区域协调发展，使经济增长质量逐步提高，有利于经济高质量发展。西部地区的绿色全要素生产率指数在国际金融危机时期增长较慢，后来增长较快，甚至在经济新常态时期超过东部地区，这与国家发展战略息息相关。为了缩小东西部差距，国家自 2000 年起开始实施西部大开发战略，"十五"期间主要以完善基础设施为主，现在交通、水利、通信、电网等基础设施已经有了很大的变化，2012 年又实施了《西部大开发"十二五"规划》，在开发理念上开始重视经济增长的质量和效益，为经济高质量发展奠定了基础。

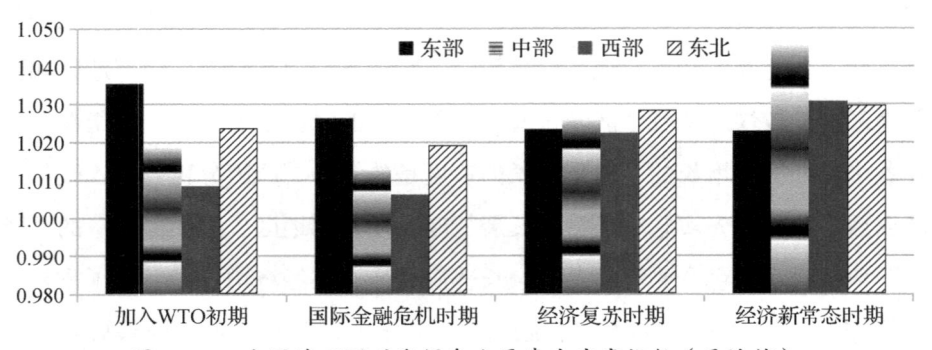

图 4.3　四大区域不同时期绿色全要素生产率指数（平均值）

2. 绿色技术效率指数

根据图 4.4，从全国平均水平来看，2001—2017 年中国整体的绿色技术效率指数除几个年份以外，其他年份基本在1上下波动。这说明在样本期间全国整体的绿色技术效率和前一年相比变化不大，反映出中国对现有资源的利用率没有明显的提升。改革开放以来，中国通过大量投入劳动、资本、资源实现了经济高速增长，但是这种经济增长方式伴随着资源的过度消耗和污染物的过度排放，导致资源的利用效率较低，不利于经济、社会、环境协调发展，更不利于高质量发展。不过，2015年我国开始实施史上最严厉的《环境保护法》，有效减少了污染物的排放，提高了资源循环使用率。同年，我国根据供给侧结构性改革提出"三去一降一补"的政策，去掉低利润高污染的过剩产能，为高利润的新产能提供空间，提高了资源的配置效率。也是在这一年，中央出台文件加快实施创新驱动发展战略，尤其强调各类创新资源配置的导向作用，促进了资源流动，提高了资源利用率，目前已初见成效。2015—2017年的绿色技术效率指数大于1，这就意味着中国对资源的利用效率提高了，这对经济高质量发展有很大的帮助。

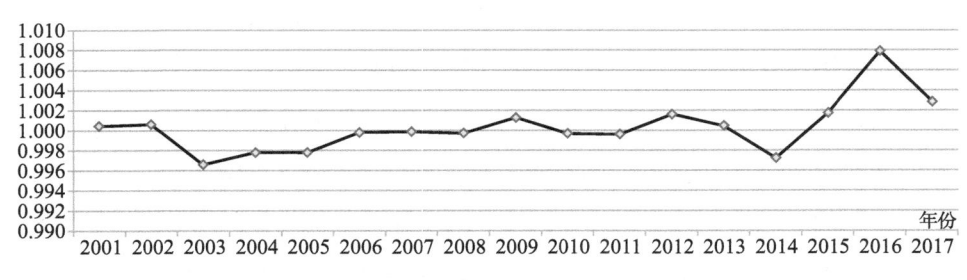

图4.4 中国绿色技术效率指数平均值（2001—2017年）

根据图4.5，从各个省份来看，在样本选取的30个省份中，样本期内绿色技术效率指数平均值等于1的省份有6个，大于1的省份有15个，小于1的省份有9个，而且绿色技术效率指数最高为1.0027，大多数省份都在1左右，这也充分说明大多数省份的资源利用效率没有得到明显的提升，这个结果与中国经济发展的事实是相符的，这也是我们要实施创新驱动发展战略，转变经济增长方式的最主要的原因。经济的高质量发展是经济、社会、环境的协调发展，只有实施创新驱动发展战略，改变过去那种高消耗、高污染、低效率的发展方式，提高资源利用率，提高绿色技术效率指数，才能从根本上促进经济增长质量的提高以及实现高质量发展。

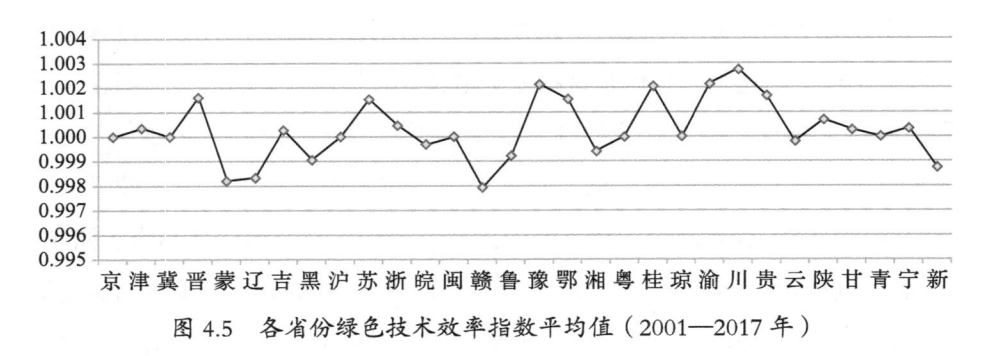

图 4.5　各省份绿色技术效率指数平均值（2001—2017 年）

根据图 4.6，从四大区域来看，东部地区在样本期内的绿色技术效率指数比较稳定，基本维持在 1 左右，说明东部地区的绿色技术效率没有明显的增长，对资源的利用效率基本一致。中部地区的绿色技术效率指数在加入 WTO 初期小于 1，但是在整个样本期间有提升的趋势。中部地区和其他地区的资源禀赋不同，不仅资源种类多，而且数量可观，尤其是水资源和煤炭资源，是我国重要的能源生产基地，但在生产和输出能源的过程中伴随着高投入和高污染，资源利用率低，因此在中国加入 WTO 初期中部地区的绿色技术效率指数偏低是正常的。随着中部崛起战略的实施，中部地区"三基地、一枢纽"的地位得到巩固和提升，较好地发挥了区位优势，同时通过调整经济结构、推进产业结构优化升级，中部地区开始走资源消耗低、环境污染少、经济效益高的经济增长道路，这使得中部地区的绿色技术效率指数逐渐提升。不过在经济新常态时期，中部地区的绿色技术效率指数呈现急剧增长态势，这是因为 2017 年国家统计局选择山西省作为投资统计改革试点，将固定资产投资额的统计口径由原来的形象进度法为主改为财务收支法为主，使得山西省的固定资产投资额较 2016 年减少了很多，导致山西省的资源投入骤降，资源利用效率急剧提高。西部地区的绿色技术效率指数和中部地区一样，在加入 WTO 初期小于 1，但是在整个样本期间有提升的趋势。这说明西部地区在样本初期，也就是中国加入 WTO 初期，技术效率下降了。西部地区地广人稀，经济发展落后，科技水平低，创新能力低，资源利用率低，绿色技术效率指数偏低是正常的。随着西部大开发战略的实施，西部地区的基础设施有了明显的改善，投资环境有所好转，环境污染也得到一定的控制，因此绿色技术效率指数不断提升。不过在经济新常态时期，西部地区的绿色技术效率指数呈现急剧增长态势，原因是甘肃省也是2017年国家统计局投资统计改革试点，其固定资产投资额比2016年下降了很多，导致甘肃省的资源投入骤降，资源利用效率急剧提高。东北地区的绿色技术效率指数在加入WTO初期和国际金融危机时期小于1，原因是东北地区是我国的工业基地，而且煤矿、铁资源丰富，但存在高投入、高污染问题，资源利用率低；在经济复苏时期和经济新常态时期大于1，这可能与近几年实施的关于东北振兴的"十二五"规划、"十三五"规划有关，其促进了东北老工业基地经济转型，使资源利用率有所提升，但是提升幅度很小，这也是东北地区经济增速低的重要原因。

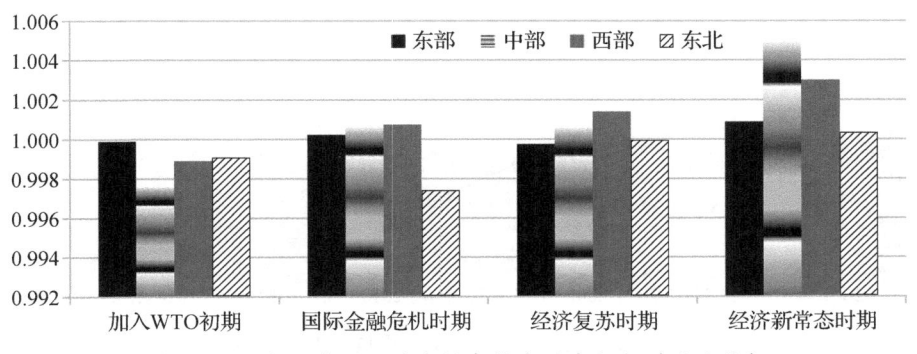

图4.6 四大区域不同时期绿色技术效率指数（平均值）

3. 绿色技术进步指数

根据图4.7，从全国平均水平来看，2001—2017年中国整体的绿色技术进步指数呈现M型变化趋势，所有年份的绿色技术进步指数均大于1，说明在样本期间全国整体的绿色技术水平每年都是逐步提高的，拉动了经济增长。中国整体的绿色技术进步指数在2015年之前基本上在1.020上下波动，

创新能力与区域经济增长质量

2015年以后有较大的增长，原因分析如下。21世纪以来，由于改革开放的深化以及改革开放以来积累的重大成就，国家决定扩大对外开放的范围，历经艰难，2001年中国加入世界贸易组织，由有限区域的开放转变为全方位的开放。为了满足国内外需求，中国企业充分利用国际国内两个市场，生产经营和资本的国际化程度不断提高，同时也加大了中国和其他国家在科学技术、文化教育等方面的交流合作。在中国各大区域发展战略的支持下，在"走出去，引进来"开放战略的指导下，不仅成就了一批又一批跨国经营的中国企业，也引进了很多国外先进的科学技术和管理理念，为中国开拓了市场，改善了产业结构，促进了技术进步，为中国经济增长做出了重大贡献。尤其是2015年以来，随着环境保护力度的加大、供给侧结构性改革的不断深化以及"大众创业，万众创新"的推进，中国掀起了"草根创业""人人创新"的浪潮，激发了中华民族的创业精神，更好地推动了技术进步，为经济新常态下中国经济高质量发展增添了动力。

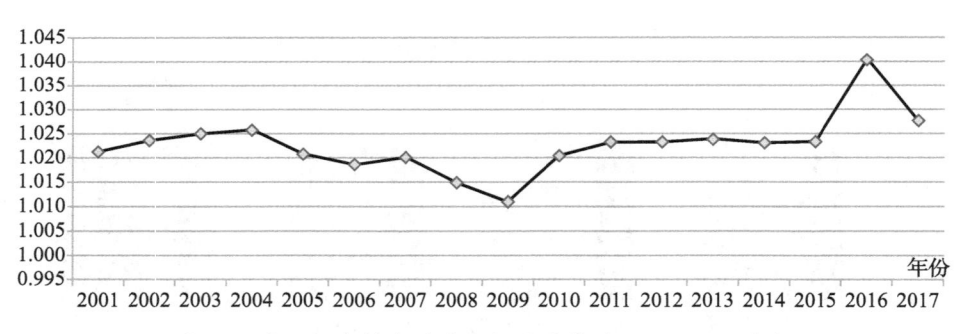

图 4.7 中国绿色技术进步指数平均值（2001—2017年）

根据图4.8，从各个省份来看，在样本选取的30个省份中，样本期内绿色技术进步指数的平均值都大于1，这说明各省份的绿色技术水平总体上是进步的，有利于经济增长。这主要是因为21世纪以来中国实施的各种改革开放措施、各种区域发展战略以及对外开放战略等，都有效地提高了各省份的绿色技术水平，这与中国经济发展的事实是相符的。但是在样本期内不同省份的绿色技术进步指数不同，总的来看，经济发达省份的较高，经济落后

第四章 区域经济增长质量的测度分析

省份的较低。正是因为技术进步能够拉动经济增长，促进高质量发展，所以才要更好地实施创新驱动发展战略，提高技术水平，转变经济增长方式。经济增长质量与高质量发展都侧重经济、社会、环境的协调发展，只有实施创新驱动发展战略，激发民众的创新热情，提高各省份的创新能力，才能促进技术进步，进而从根本上提高经济增长质量乃至实现高质量发展。

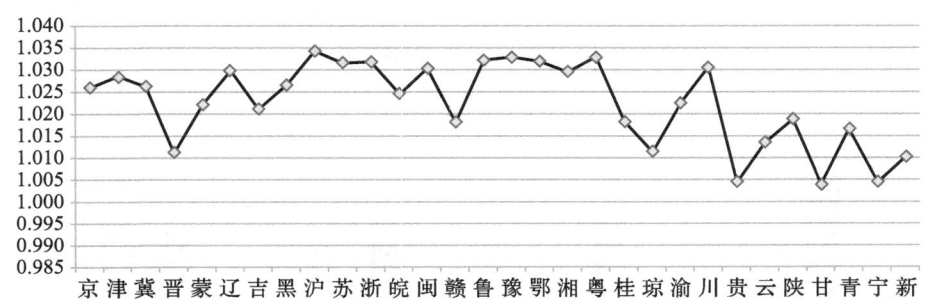

图 4.8 各省份绿色技术进步指数平均值（2001—2017 年）

根据图 4.9，从四大区域来看，样本期间，东部地区、中部地区、西部地区和东北地区的绿色技术进步指数都大于 1，说明各大区域都存在技术进步，只是在不同时期技术进步的速度不一样。比如东部地区的绿色技术进步指数在加入 WTO 初期处于领先地位，但是后来有下滑趋势，说明在中国加入 WTO 初期东部地区的技术进步较快，但是之后技术进步的速度有所放缓。东部地区凭借独特的区位优势和政策扶持，不仅集聚了大量资本和劳动力，还引进了国内外先进的技术，技术水平不断提高，在国内遥遥领先，但是依靠引进技术带动的技术进步是暂时的，要想使技术进步持续下去，必须靠自主创新。东北地区的绿色技术进步指数在加入 WTO 初期仅次于东部地区，在国际金融危机时期有所下滑，在经济复苏及经济新常态时期基本呈现平稳增长趋势，而且大于 1，说明东北地区的技术水平也在逐年提升，原因分析如下。东北地区作为中国重要的工业基地，有一定的经济基础，而且黑龙江与俄罗斯接壤，吉林和辽宁与朝鲜接壤，辽宁的沿海城市还有港口，在对外开放和东北振兴等政策支持下，在一定程度上增强了企业活力，加剧了市场

97

竞争，推动了技术进步。东北地区具有较强的科学教育和工业技术基础，在一定程度上发挥了高校作为科技第一生产力的作用，也促进了东北地区技术水平的提高，进而从根本上提高了经济增长质量，为经济高质量发展注入了活力。中部地区和西部地区的绿色技术进步指数在国际金融危机时期出现下滑现象，后来增长较快，说明这两个地区虽然在样本初期技术水平提升较慢，但是随着中部崛起和西部大开发战略的实施，两个地区通过政策引导资本、技术、人才和产业集聚，利用东部地区以及国际先进技术外溢促进技术进步。

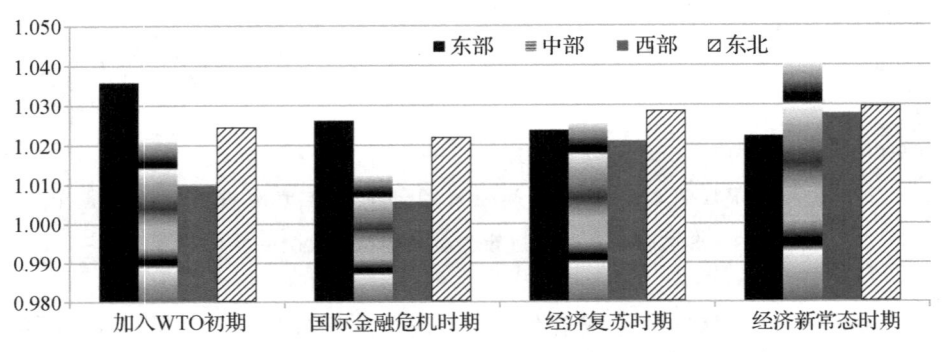

图 4.9　四大区域不同时期绿色技术进步指数（平均值）

4. 绿色全要素生产率指数的空间集聚特征

中国绿色全要素生产率指数的空间集聚特征是通过全局空间自相关反映的。考虑到地理距离和区域经济因素的影响，本章采用第三章构建的经济距离空间权重矩阵，既考虑了各个省份空间距离的远近，又考虑了各个省份的经济影响力，以此更加全面地衡量各省份的空间相关性。在经济距离空间权重矩阵下，利用 MATLAB 软件，得出 2001—2017 年中国绿色全要素生产率指数的全局 Moran's I 指数为 0.0993，并且通过了 5% 的显著性检验，说明中国绿色全要素生产率指数总体具有正的空间相关性，整体呈现显著的空间集聚特征。

本研究使用 GeoDa 软件制作了中国各省份绿色全要素生产率指数在加入 WTO 初期、国际金融危机时期、经济复苏时期、经济新常态时期的 LISA 集聚地图，发现中国各省份绿色全要素生产率指数在空间上呈集聚分布。

首先，各省份绿色全要素生产率指数总体呈现显著的 HH 型和 HL 型的空间俱乐部现象。在各类型区中，高高集聚区最多，约占总数的 68.18%；高低集聚区次之，约占 27.27%；低高集聚区较少，占 4.55%。

其次，各省份绿色全要素生产率指数的高高集聚区在加入 WTO 初期和国际金融危机时期主要分布在东部地区，如北京、河北、天津、上海、江苏、浙江、福建等；在经济复苏时期主要分布在京津冀地区、山西、陕西、重庆、黑龙江和辽宁；在经济新常态时期主要分布在中部和西部地区，如山西、河南、湖北、湖南、江西、陕西、重庆、贵州等省份。

第三节 区域经济增长质量的测算及时空演变分析

一、区域经济增长质量的测算

在前面测算的绿色全要素生产率指数基础上，本书采用（4-1）式来测度绿色全要素生产率对经济增长的贡献份额（S_A），进而衡量四个时期的区域经济增长质量。在（4-1）式中，g_A 代表绿色全要素生产率的增长速度，用根据上文测算的环比绿色全要素生产率指数计算的各时期的平均增长速度来衡量；g_Y 代表经济的增长速度，用各时期 GDP 平均增长速度来衡量。四个时期区域经济增长质量的测算结果如表 4.2 所示。

表 4.2　不同时期区域经济增长质量

单位：%

省份	加入 WTO 初期	国际金融危机时期	经济复苏时期	经济新常态时期	2001—2017 年均值
北京	15.0850	43.5060	36.7291	36.5577	26.8361
天津	21.0206	6.7110	33.0423	33.6918	21.9243

续表

省份	加入WTO初期	国际金融危机时期	经济复苏时期	经济新常态时期	2001—2017年均值
河北	19.1688	30.1409	33.7973	35.9179	26.4236
山西	4.4150	-3.0022	18.9190	63.5810	12.7627
内蒙古	6.0310	8.1084	32.5121	45.4726	15.0768
辽宁	24.3888	26.5595	24.3244	86.0900	28.9485
吉林	8.9879	4.6865	40.7144	51.7391	19.4613
黑龙江	27.3187	12.3177	14.2477	58.7958	26.2216
上海	39.5624	32.4639	26.7408	32.8060	35.4130
江苏	36.6644	26.8285	21.1266	16.6924	28.9837
浙江	27.2485	26.9733	27.4904	47.0941	30.7048
安徽	18.7234	8.8973	9.9411	56.1841	21.8643
福建	22.7750	16.2404	32.4729	41.5024	26.6155
江西	9.1703	5.6790	11.1470	36.8696	13.9782
山东	33.7777	27.0746	21.4496	17.0587	27.8161
河南	19.9762	28.2127	32.9248	67.8315	32.2125
湖北	24.1126	15.0054	36.3621	55.9772	30.1427
湖南	19.7173	3.7839	30.3804	64.6086	26.0390
广东	37.9091	25.3701	20.5504	23.8792	30.7723
广西	14.9432	-18.4162	31.6663	64.0416	18.5401
海南	24.2131	2.8064	-17.3965	15.8147	10.8496
重庆	3.1102	20.8947	23.2246	48.1386	19.6809
四川	22.6724	10.1041	48.2967	48.0063	29.1293
贵州	2.9496	4.0224	3.3643	12.4902	5.2534
云南	4.9176	7.5906	-1.3422	50.1115	12.9253
陕西	1.1678	6.8180	28.1723	56.8870	16.5290

续表

省份	加入WTO初期	国际金融危机时期	经济复苏时期	经济新常态时期	2001—2017年均值
甘肃	9.9312	−13.1190	5.2359	7.2366	4.1484
青海	9.7166	8.8243	28.1746	18.4985	14.4410
宁夏	−0.5178	0.7789	8.1447	17.0078	4.3731
新疆	2.4716	11.8739	−8.3685	37.4318	8.7483
全国平均	17.0543	12.9245	21.8015	41.6005	20.8938

二、区域经济增长质量的时空演变分析

结合上文测算的中国区域经济增长质量，下面从空间格局规模、格局强度、格局纹理三个方面来分析中国区域经济增长质量的空间格局。

1. 区域经济增长质量的空间格局规模

中国区域经济增长质量的空间格局规模主要通过经济增长质量的高低即绿色全要素生产率对经济增长的贡献份额的高低来衡量，贡献份额高的省份说明其经济增长质量的空间格局规模较大，贡献份额低的省份说明其经济增长质量的空间格局规模较小。结合上文的测算结果，中国区域经济增长质量的空间格局规模有以下特征。

中国区域经济增长质量整体上呈现出V型演变格局。结合表4.2和图4.10可以看出，从全国平均水平来看，2001—2017年中国区域经济增长质量的平均值为20.8938%，这个结果与其他学者的基本一致，如刘瑞翔（2013）20.5500%，梁泳梅（2015）20.7000%，袁晓玲（2017）22.2000%。其中，在加入WTO初期为17.0543%，国际金融危机时期下降为12.9245%，这两个时期的区域经济增长质量低于平均水平20.8938%，说明这两个时期中国的经济增长主要是资本和劳动贡献的，绿色全要素生产率的贡献较低，经济增

创新能力与区域经济增长质量

长质量较低。在经济复苏时期，区域经济增长质量提高到21.8015%，在这个时期，中国经济增速开始放缓，人口红利逐渐消失，中国经济处于新的转型时期，结构调整取得重大进展，更加注重资源节约和环境保护，因此绿色全要素生产率对经济增长的贡献份额有所提升，经济增长质量得到提高。在经济新常态时期，区域经济增长质量提高到41.6005%，在这个时期，中国经济呈现出新常态，从高速增长转为中高速增长，从要素驱动、投资驱动转为创新驱动，经济结构优化升级。经济新常态将会给中国带来新的发展机遇，提质增效是经济新常态的本质。经济增长将更多依靠人力资本质量和技术进步，市场竞争逐步转向质量型竞争，推动发展方式绿色低碳转型，绿色全要素生产率对经济增长的贡献份额有了明显的提升，经济增长质量显著提高。

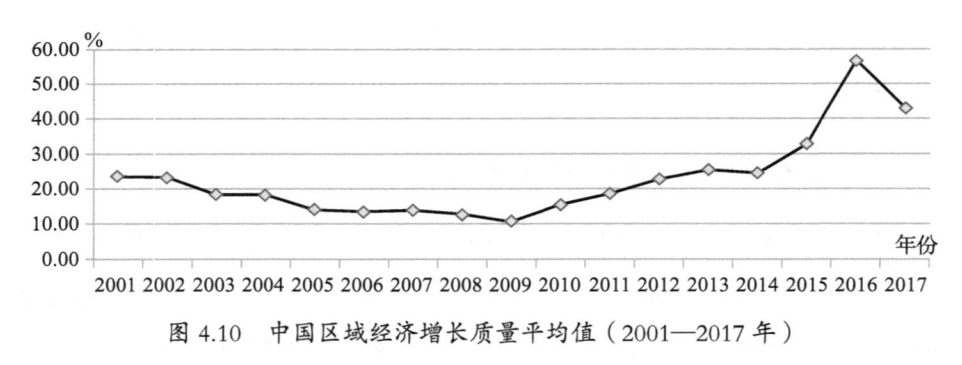

图4.10 中国区域经济增长质量平均值（2001—2017年）

中国区域经济增长质量普遍较低，空间格局多以小规模为主。结合表4.2和图4.11可知，样本期内中国区域经济增长质量的平均值仅为20.8938%，低于该平均水平的省份占一半以上，而且每个省份在不同时期的经济增长质量不一样，大多数省份在加入WTO初期较低，在国际金融危机时期出现下滑，在经济复苏和经济新常态时期逐步提高。这个特点与全国的趋势是一样的。另外，结合图4.12可知，经济增长质量高的省份大多数是经济比较发达的省份，比如，2001—2017年全国区域经济增长质量的平均值为20.8939%，超过该平均值的省份共16个，其中东部地区有9个，中部地区有4个，东北地区有2个，西部地区有1个。经济发展比较好的省份，基础设施更加完善，市场化程度较高，经济结构更加合理，技术水平相对较高，创新能力较强，环境保护意识更强，更加注重健康、可持续的经济增长方式，因此，绿色全要素生产率对经济增长的贡献份额更高，经济增长质量相对较高。提高经济增长质量是高质量发展的基石，应想方设法提高经济增长质量，从资本、要素驱动转向技术、创新驱动。

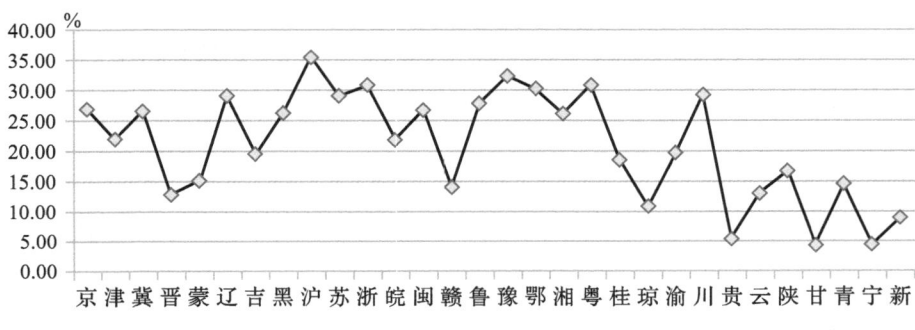

图4.11　中国各省份经济增长质量平均值（2001—2017年）

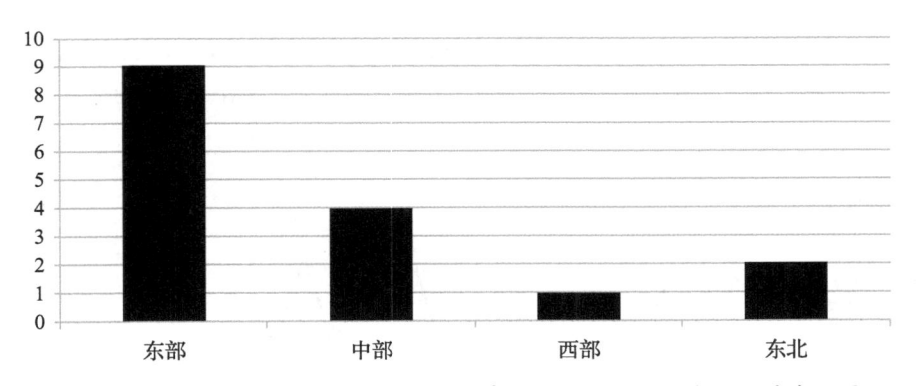

图4.12　四大区域经济增长质量平均值高于全国平均值的省份数量直方图

2. 区域经济增长质量的空间格局强度

中国区域经济增长质量的空间格局强度通过各省份经济增长质量的差异来衡量，经济增长质量的差异大小代表其空间格局强度的大小。本书选取经济增长质量的标准差来衡量其离散程度。结合图4.13和图4.14可知，中国区域经济增长质量存在整体不均衡性即差异性，而且差异程度有增加趋势。

创新能力与区域经济增长质量

从标准差指标来看，根据图4.13，中国整体经济增长质量在样本期间存在差异，而且差异程度有所扩大。根据图4.14，各省份经济增长质量在样本期间存在差异，而且北京、天津、河北、上海、浙江、江苏、福建、山东、广东、海南、重庆、四川、贵州、甘肃、青海、宁夏这些省份的标准差较小，山西、内蒙古、辽宁、吉林、黑龙江、安徽、河南、湖北、湖南、广西、云南、陕西、新疆这些省份的标准差较大，说明在样本期间东部地区和西部地区的经济增长质量波动幅度较小，而中部地区和东北地区的经济增长质量波动幅度较大。

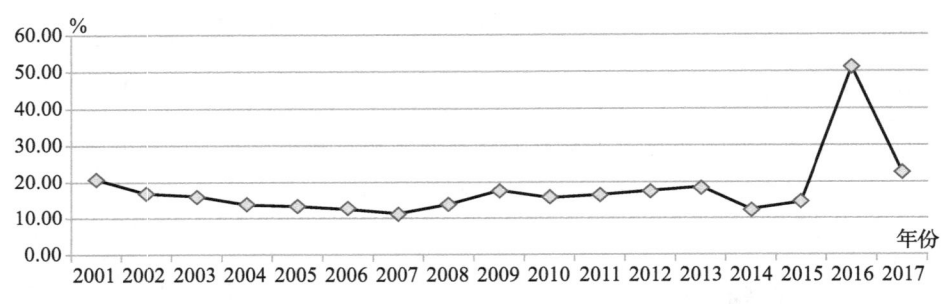

图4.13　中国区域经济增长质量平均值的标准差（2001—2017年）

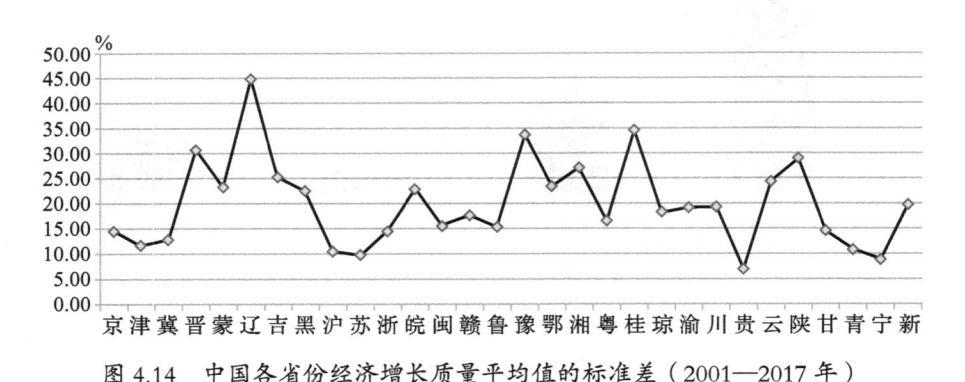

图4.14　中国各省份经济增长质量平均值的标准差（2001—2017年）

中国区域经济增长质量存在区域内的集聚性与区域间的差异性。中国各省份的经济增长质量与相邻地区存在相似性，表现出一定的空间集聚特征。根据图4.15，在经济复苏时期之前，低经济增长质量省份主要分布在中部地区和西部地区，中经济增长质量省份主要分布在东北地区，高经济增长质量省份主要分布在东部地区。但是，在经济复苏之后，东北地区、中部地区的经济增长质量较高，东部地区较低。除此以外，四大区域的经济增长质量在经济复苏后的增长速度也不一样，东北地区增长速度最快，中部地区次之，增长最慢的是西部地区和东部地区。出现这种现象的原因可能如下。自经济复苏以来，中国区域经济增长速度放缓，经济处于新的转型时期，更加注重资源节约和环境保护，尤其是步入经济新常态时期之后，提质增效是经济增长质量的本质，中国经济依靠节约资源和技术进步，提高了绿色全要素生产率，提高了经济增长质量。由于不同地区的经济发展水平以及区域经济政策存在差异，因此绿色全要素生产率的增长速度不同（见图 4.3），出现了经济不发达地区的绿色全要素生产率增长速度比经济发达地区快的情况，进而导致了图 4.15 中所示的经济发达地区的经济增长质量较低的现象。这种现象与发达国家在"后工业化"时期出现的生产率增长率以及生产率贡献份额下降的现象是相似的，这可能与近年来东部地区的资本生产率下降、劳动生产率增速放缓以及产业结构的服务化有关。2011 年以后，东部地区服务业占比越来越高，由于服务业的劳动生产率低于制造业，增速也慢，自然会拉低东部地区的劳动生产率以及绿色全要素生产率，导致东部地区的经济增长质量较低。但是，笔者认为这种现象可能是暂时的，这也许只是东部地区经济增长方式转变的"阵痛"，其绿色全要素生产率及贡献率即经济增长质量应该会回升，至于会提升多少以及什么时候提升，还有待研究。

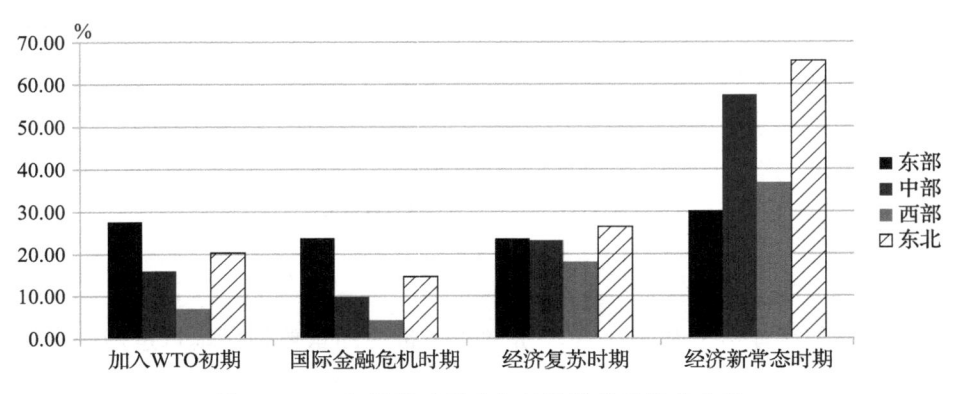

图 4.15 四大区域不同时期经济增长质量直方图

3. 区域经济增长质量的空间格局纹理

中国区域经济增长质量的空间格局纹理通过各省份经济增长质量的集聚程度来衡量。中国区域经济增长质量的集聚特征是通过全局空间自相关反映的。考虑到地理距离和区域经济因素的影响，本章仍采用第三章构建的经济距离空间权重矩阵，以此更加全面地衡量各省份的空间相关性。在经济距离空间权重矩阵下，利用 MATLAB 软件，得出 2001—2017 年中国区域经济增长质量的全局 Moran's I 指数为 0.1509，并且通过了 5% 的显著性检验，说明中国区域经济增长质量总体具有正的空间相关性，整体呈现显著的空间集聚特征。

本研究利用各个时期的均值，使用 GeoDa 软件制作了中国各省份经济增长质量在加入 WTO 初期、国际金融危机时期、经济复苏时期、经济新常态时期的 LISA 集聚地图，发现中国各省经济增长质量在空间上呈集聚分布。

首先，各省份经济增长质量总体呈现显著的 HH 型和 LL 型的空间俱乐部现象。在各类型区中，高高集聚区最多，约占总数的 45.24%；低低集聚区次之，约占 23.81%；低高集聚区约占 21.43%；高低集聚区约占 9.52%。

其次，各省份经济增长质量的高高集聚区在加入 WTO 初期和国际金融危机时期主要分布在东部地区，如河北、山东、上海、江苏、浙江、福建等省份；在经济复苏时期主要分布在京津冀地区、辽宁和重庆；在经济新常态时期主要分布在湖北、山西、吉林和内蒙古。低低集聚区均分布在西部地区，如甘肃、宁夏、新疆、青海、四川、云南等省份。

第四节 本章小结

鉴于绿色全要素生产率在经济增长质量中的重要性，本章运用非参数 MaxDEA 测度了绿色全要素生产率指数，又将其分解为绿色技术效率指数和

第四章 区域经济增长质量的测度分析

绿色技术进步指数，从三个方面分别分析了21世纪以来中国绿色全要素生产率增长的快慢及原因，并进一步测算了中国区域经济增长质量，研究结论如下。

首先，关于中国绿色全要素生产率增长的快慢及原因：从全国平均水平来看，在样本期间全国整体的绿色全要素生产率与前一年相比是提高的，有利于提高中国整体的经济增长质量，有利于经济高质量发展的实现。其中，绿色技术进步比绿色技术效率对绿色全要素生产率的影响更大，因此，要想通过提高绿色全要素生产率提升经济增长质量，必须加快自主创新，持续促进技术进步。从各个省份来看，样本期间各省份的绿色全要素生产率指数均大于1，绿色全要素生产率在不断提升，为现阶段的高质量发展奠定了坚实的基础。但是，必须还要看到省份间存在的差异。而且，各省份绿色全要素生产率的提升更多是由绿色技术进步带来的，绿色技术效率的贡献较小，甚至还会拉动绿色全要素生产率下降。因此，提高绿色技术效率是提升绿色全要素生产率的一个途径。从各个区域来看，虽然在加入WTO初期东部地区的绿色全要素生产率指数最高，但是在经济新常态时期却低于其他地区，这说明经济发达地区的绿色全要素生产率的增速未必会高于经济欠发达地区。想保证绿色全要素生产率持续稳定增长，必须要依靠创新，通过创新促进技术进步，提高技术效率，从而提高绿色全要素生产率。样本期内中国绿色全要素生产率指数的全局 Moran's I 指数显著为正，说明中国绿色全要素生产率指数总体具有正的空间相关性，整体呈现显著的空间集聚特征。结合LISA集聚地图发现，各省份绿色全要素生产率指数总体呈现显著的HH型和HL型的空间俱乐部现象。

其次，关于经济增长质量的测度结果及分析：从空间格局规模来看，中国区域经济增长质量整体上呈现出V型演变格局。2001—2017年中国区域经济增长质量的平均值为20.8938%，其中，在加入WTO初期为17.0543%，国际金融危机时期下降为12.9245%，经济复苏时期提高到21.8015%，经济新常态时期提高到41.6005%。随着中国经济呈现出新常态，从高速增长转

创新能力与区域经济增长质量

为中高速增长,从要素驱动、投资驱动转为创新驱动,绿色全要素生产率对经济增长的贡献份额有了明显的提升,经济增长质量显著提高。中国区域经济增长质量普遍较低,空间格局多以小规模为主,而且经济增长质量高的省份大多数是经济比较发达的省份。从空间格局强度来看,中国区域经济增长质量存在整体不均衡性即差异性。样本期间东部地区和西部地区的经济增长质量波动幅度较小,而中部地区和东北地区的经济增长质量波动幅度较大。中国区域经济增长质量存在区域内的集聚性与区域间的差异性。从空间格局纹理来看,在经济距离空间权重矩阵下,利用 MATLAB 软件,得出样本期内中国区域经济增长质量的全局 Moran's I 指数显著为正,说明中国区域经济增长质量总体具有正的空间相关性,整体呈现显著的空间集聚特征。结合 LISA 集聚地图发现,各省份经济增长质量总体呈现显著的 HH 型和 LL 型的空间俱乐部现象。

第五章 创新能力对绿色全要素生产率收敛性的影响分析

第四章利用绿色全要素生产率对经济增长的贡献份额测度了中国区域经济增长质量，体现了绿色全要素生产率在经济增长质量中的重要地位。为了更深入地分析创新驱动发展战略对经济增长质量的影响，接下来将重点分析创新能力对绿色全要素生产率的影响。本章拟考察创新能力对绿色全要素生产率收敛性的影响。在第四章中，我们根据各省份绿色全要素生产率的测算结果，比较了各省份绿色全要素生产率增长的快慢，从中我们注意到，虽然在加入WTO初期东部地区的绿色全要素生产率指数最高，但是在经济新常态时期却低于其他地区。那么，这是否是一种必然规律？换言之，绿色全要素生产率水平低的省份是否以更快的增长速度追赶绿色全要素生产率水平高的省份？随着时间的推移，各省份之间绿色全要素生产率的差异是否会减小？创新能力对这种趋势是否有影响？这些问题仍有待深入研究。但是很显然，如果省际绿色全要素生产率存在收敛性，而且创新能力能够促进其收敛，那么创新能力在促进绿色全要素生产率向稳态收敛的过程中也促进了区域经济增长质量的收敛，有利于各省份均衡发展。

收敛性分析方法主要包括两种：σ收敛和β收敛。后者又分为绝对β收敛和条件β收敛。其中，σ收敛和绝对β收敛均属于绝对收敛。条件β收敛是指向自身的稳态水平收敛。如果在一个俱乐部中各经济体的参数非常接近，进而各自的稳态也非常接近，那么可能存在"俱乐部收敛"。鉴于此，本章首先检验了绿色全要素生产率绝对收敛和条件收敛的存在性，然后检验区域创新能力对其收敛性的影响。

第一节 绿色全要素生产率的绝对收敛性检验

一、σ 收敛性检验

σ 收敛是指某一指标的离散程度随着时间的推移而趋于下降，一般通过指标的标准差或变异系数来反映指标差距的变化趋势。如果随着时间的推移，标准差或变异系数呈现下降趋势，则意味着存在 σ 收敛现象。若采用标准差进行测算，则公式如下：

$$\sigma_t = \sqrt{\frac{1}{n}\sum_{1}^{n}(GTFP_{it} - \overline{GTFP})^2} \quad (5-1)$$

其中，$GTFP_{it}$ 表示第 i 个地区 t 时期的绿色全要素生产率指数，$\overline{GTFP}$ 表示平均值。

若采用变异系数进行测算，则公式如下：

$$C \cdot V_t = \frac{\sigma_t}{\overline{GTFP}} \quad (5-2)$$

为减少平均水平的影响，我们采用变异系数进行 σ 收敛性测算。将上文测算的 2001—2017 年不同地区的绿色全要素生产率指数采用连乘方式转化成以 2000 年为基期的定基绿色全要素生产率指数，代入 σ 收敛指数计算公式（5-2），逐年进行计算，可得到全国及四大区域绿色全要素生产率水平的变异系数，如表 5.1 所示。

第五章　创新能力对绿色全要素生产率收敛性的影响分析

表 5.1　全国及四大区域绿色全要素生产率水平的变异系数

年份	全国	东部	中部	西部	东北
2001	0.0186	0.0213	0.0154	0.0139	0.0179
2002	0.0313	0.0276	0.0229	0.0281	0.0331
2003	0.0465	0.0361	0.0317	0.0377	0.0400
2004	0.0621	0.0493	0.0386	0.0447	0.0390
2005	0.0764	0.0620	0.0453	0.0511	0.0454
2006	0.0912	0.0715	0.0541	0.0547	0.0523
2007	0.1029	0.0776	0.0518	0.0566	0.0603
2008	0.1113	0.0838	0.0550	0.0541	0.0717
2009	0.1224	0.0881	0.0698	0.0542	0.0863
2010	0.1328	0.0888	0.0806	0.0636	0.0887
2011	0.1401	0.0886	0.0937	0.0903	0.0801
2012	0.1441	0.0911	0.1031	0.1077	0.0690
2013	0.1466	0.0957	0.1069	0.1188	0.0632
2014	0.1477	0.0951	0.1101	0.1249	0.0612
2015	0.1462	0.0944	0.1139	0.1284	0.0545
2016	0.1495	0.0972	0.1345	0.1392	0.0427
2017	0.1506	0.0962	0.1371	0.1507	0.0467

结合表 5.1 和图 5.1 可以看出，全国整体的绿色全要素生产率水平的变异系数在样本期间基本呈现越来越大的趋势，说明全国整体的绿色全要素生产率水平存在明显的发散趋势，不存在 σ 收敛现象。东部地区的变异系数在 2001—2013 年是发散趋势，但是 2014—2015 年、2016—2017 年这两个阶段开始出现轻微的收敛趋势。中部地区除 2006—2007 年出现轻微收敛之外，其他年份都是发散趋势，而且波动较大，说明中部地区不存在 σ 收敛现象，各省份间绿色全要素生产率水平的差距越来越大。西部地区和中部地区相似，除 2007—2008 年有轻微收敛之外，其他年份都是发散趋势，而且波

动在全国是最大的，说明西部地区也不存在 σ 收敛现象，各省份间绿色全要素生产率水平的差距越来越大。东北地区在2001—2010年是发散趋势，在2010—2016年呈现明显的收敛趋势，在2016—2017年又呈现发散趋势，说明东北地区各省份间绿色全要素生产率水平的差距在2010年以前越来越大，在2010年以后越来越小，但在2016—2017年又变大。

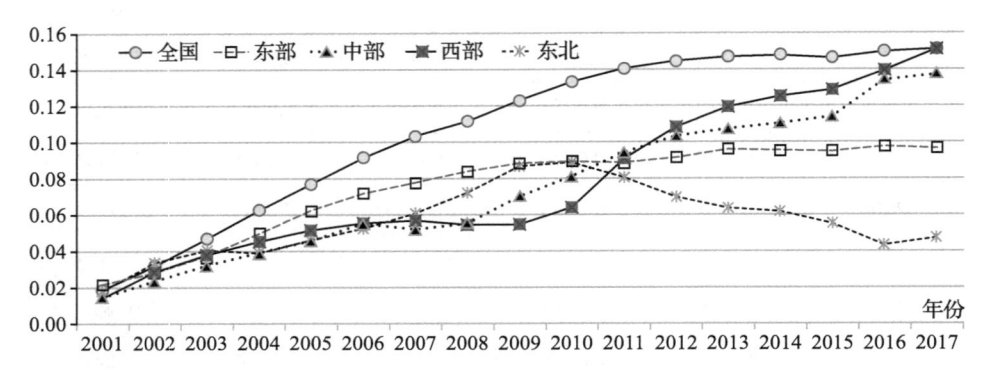

图 5.1　全国及四大区域绿色全要素生产率指数 σ 收敛趋势

为了进一步检验我国省际绿色全要素生产率的 σ 收敛性，我们借鉴胡晓琳（2016）的研究构建以下模型：

$$\sigma_t = \alpha + \theta \times t + \mu_t \tag{5-3}$$

其中，σ_t 表示绿色全要素生产率在第 t 年的变异系数，α 是截距项，t 是时间趋势项，μ_t 是随机扰动项。那么，当 θ 显著为正时，意味着各省份绿色全要素生产率的差异随着时间的推移而扩大，不存在 σ 收敛；反之，则存在 σ 收敛。我们使用（5-3）式对中国分地区绿色全要素生产率的 σ 收敛情况进行回归检验，结果如表 5.2 所示。

表 5.2　全国及四大区域绿色全要素生产率 σ 收敛的 θ 值检验结果

地区	全国	东部	中部	西部	东北
θ	0.0080	0.0050	0.0080	0.0080	0.0020
P 值	0.0000	0.0000	0.0000	0.0000	0.0840

第五章　创新能力对绿色全要素生产率收敛性的影响分析

由表5.2可知，全国和四大区域的绿色全要素生产率均不具有显著的 σ 收敛趋势，与前面的结论一致，该结论也与胡晓珍等（2011）、胡晓琳（2016）、李卫兵等（2017）的研究结论一致，与彭国华（2005）、赵家章（2009）研究全要素生产率 σ 收敛的结论相似，这可能是因为样本期间各省份过于重视经济增长，忽略了环境保护，随着时间的推移，不同省份的绿色全要素生产率水平不存在趋同现象，也可能是因为不同地区在不同时间段内所呈现出的 σ 收敛没有连续性。

二、绝对 β 收敛性检验

为了进一步检验绿色全要素生产率低的省份是否有更快的增长速度，进而对绿色全要素生产率高的省份存在"追赶效应"，我们继续检验绝对 β 收敛性，即考察绿色全要素生产率的增长率与其初始绿色全要素生产率水平是否存在负相关关系。如果 β 小于0，说明存在绝对 β 收敛，即初期绿色全要素生产率水平低的省份比绿色全要素生产率水平高的省份有更快的增长速度，前者对后者具有"追赶效应"。

本书根据 Barro 和 Sala-I-Martin（1991）、Bernard 和 Durlauf（1996）的研究，构建绿色全要素生产率增长的绝对 β 收敛性模型：

$$[\mathrm{Ln}GTFP_{iT} - \mathrm{Ln}GTFP_{i0}] / T = \alpha + \beta \mathrm{Ln}GTFP_{i0} + \varepsilon_i \qquad (5-4)$$

其中，T 为观察期的时间跨度，$\mathrm{Ln}GTFP_{iT}$ 为 i 地区观察期末绿色全要素生产率水平的对数值，$\mathrm{Ln}GTFP_{i0}$ 为 i 地区观察初期绿色全要素生产率水平的对数值，$[\mathrm{Ln}GTFP_{iT} - \mathrm{Ln}GTFP_{i0}] / T$ 为 0 到 T 期绿色全要素生产率水平的平均增长率，α 为常数项，β 为收敛系数，ε_i 为随机扰动项。若 $\beta<0$，即收敛速度 λ 为正，意味着存在绝对 β 收敛；若 $\beta>0$，则不存在绝对 β 收敛。收敛速度 λ 可以通过公式 $\beta = -(1-e^{-\lambda T})/T$ 求得。

绝对 β 收敛性检验可以将 2001—2017 年看作一个时间段，分区域综合检验整个时间段样本的绝对 β 收敛趋势（$T=16$），但这可能不能较好地反映

收敛的连续性。因此，为了克服时间段中可能出现的异常值以便进行连续的时间估计，我们将整个样本期分为8个时间段（$T=2$），进行分时间段的绝对β收敛性检验。将上文测算的2001—2017年不同地区的定基绿色全要素生产率指数代入绝对β收敛性模型，检验结果如表5.3所示。

表5.3 全国及四大区域绿色全要素生产率绝对β收敛性检验结果

		全国	东部	中部	西部	东北
2001—2017年	β	0.1260 （1.3450）	−0.0560 （−0.5100）	0.1890 （0.7390）	0.1470 （0.7010）	0.0900 （1.5580）
	R^2	0.0610	0.0310	0.1200	0.0520	0.7080
2001—2017年 （分时间段）	β	0.0071 （0.7200）	−0.0473*** （−5.0400）	0.1099*** （4.8800）	0.0983*** （4.1600）	0.0147 （0.5400）
	R^2	0.1154	0.5713	0.4835	0.3078	0.0304

注：***、**和*分别表示在1%、5%和10%的水平上显著，括号内为t统计量，下同。

根据表5.3所示的全国及四大区域绿色全要素生产率绝对β收敛性检验结果，从整个样本期模型来看，五个回归估计方程的参数β值分别是0.1260、−0.0560、0.1890、0.1470、0.0900，并且都未通过显著性检验。这表明中国各省份绿色全要素生产率的增长速度与其初始水平不存在负相关关系，也就是说，绿色全要素生产率水平较低的省份并没有以更快的速度追赶绿色全要素生产率水平较高的省份。从分时间段模型来看，只有东部省份的β值为−0.0473，且通过显著性检验，说明克服了时间段中可能出现的异常值以后再进行连续的时间估计时，东部省份绿色全要素生产率的增长速度与其初始水平呈现显著的负相关关系，存在绝对β收敛性，东部省份逐渐趋近于同一稳态均衡值，存在"俱乐部收敛"特征。但是全国及其他地区仍未呈现绝对β收敛。这一结论与胡晓珍等（2011）的结论一致，也与彭国华（2005）、赵家章（2009）使用不包含环境因素的全要素生产率研究的结论一致，说明除东部地区外，其他地区的绿色全要素生产率还没有形成"俱乐部收敛"特征。这个结论启示我们，上一章所观察到的描述性分析结论"虽然在加入

第五章 创新能力对绿色全要素生产率收敛性的影响分析

WTO 初期东部地区的绿色全要素生产率指数最高，但是在经济新常态时期却低于其他地区"还不具有统计上的显著性，绿色全要素生产率水平低的省份并没有普遍以更快的增长速度追赶绿色全要素生产率水平高的省份。要缩小区域间差距，应想方设法提升中部、西部和东北地区的绿色全要素生产率增长速度，否则东部、中部、西部和东北地区的绿色全要素生产率差距会越来越大，不利于区域间经济增长质量差距的缩小，也不利于高质量发展的实现。

第二节 绿色全要素生产率的条件收敛性检验

一、模型简介

条件收敛性检验旨在研究在各自特定的经济情况下，不同的经济体会不会向自己的稳态水平收敛。结合国内外学者的相关研究，条件收敛性的检验方法是在绝对 β 收敛回归模型中加入部分解释变量，如果 $\beta<0$，则表明具有条件 β 收敛趋势。

本节检验绿色全要素生产率条件收敛性的回归方程如式（5-5）所示。

$$\frac{\text{Ln}(GTFP_{iT}/GTFP_{i0})}{T} = \alpha + \beta \text{Ln} GTFP_{i0} + \gamma X_{i0} + \varepsilon_i \quad (5-5)$$

模型（5-5）中，X 代表影响绿色全要素生产率增长的主要因素，γ 代表各影响因素的回归系数。

二、主要变量说明与数据来源

我们以模型（5-5）检验绿色全要素生产率是否存在条件 β 收敛时，加入的可能影响绿色全要素生产率增长的因素包括产业集聚（IC）、环境规制

（ER）、政府干预（GOV）、城镇化水平（UL）、金融发展（FD）、能源消费结构（ECS）、所有制结构（OS），理由如下。

产业集聚通过集聚效应提高专业化分工水平，促进生产要素在区域间流动，实现规模经济，降低交易成本，进而提高绿色全要素生产率。张治栋（2018）、舒扬（2019）发现产业集聚对绿色全要素生产率存在时变效应，对绿色全要素生产率的增长具有短期抑制、长期促进的影响。任阳军（2019）、李光龙等（2019）认为生产性服务业集聚和制造业集聚均会显著促进绿色全要素生产率的提升。结合这些学者的研究，本书将产业集聚作为绿色全要素生产率增长的影响因素，具体用各省份的第二产业比重/全国的第二产业比重表示。

环境规制是政府对企业的环境约束，能够激励企业调整产业结构，提高技术水平，改善生态环境，促进绿色全要素生产率增长。彭浩（2017）、周五七（2019）认为环境规制显著促进了绿色全要素生产率的增长。吴雨（2018）认为环境规制与绿色全要素生产率增长之间存在显著的U型关系。李志华等（2019）认为环境规制显著抑制了绿色全要素生产率的增长。基于这些研究，本书将环境规制作为绿色全要素生产率增长的影响因素，具体用工业污染治理投资完成额占工业增加值的比重表示。

政府干预可以解决环境的公共物品属性及其外部性带来的市场失灵问题。彭浩（2017）、张建华等（2017）认为政府干预能显著促进绿色全要素生产率的增长。吴川（2017）认为政府财政支出总体促进了全要素生产率增长，但是不同类别的财政支出影响不同，尤其是行政管理支出对全要素生产率的影响为负。基于这些研究，本书将政府干预作为绿色全要素生产率增长的影响因素，具体用财政支出占GDP的比重表示。

城镇化发展能够完善基础设施，提高信息化程度，为经济增长提供更多的劳动力，从而对绿色全要素生产率产生影响。王裕瑾等（2016）、任阳军（2019）认为总体来看全国城镇化发展促进了绿色全要素生产率增长，其中西部地区最显著。李光龙等（2019）却认为城镇化对绿色全要素生产率有显

第五章　创新能力对绿色全要素生产率收敛性的影响分析

著的抑制作用。基于这些研究，本书将城镇化水平作为绿色全要素生产率增长的影响因素，具体用城镇人口占总人口的比重表示。

金融发展通过拓宽企业的融资渠道，促使企业扩大生产规模，推动经济增长，但与此同时，也可能加剧环境污染，因此，金融发展在经济增长中发挥着正反两方面的作用。张帆（2017）认为金融发展促进了绿色全要素生产率增长，但二者呈现非线性关系。葛鹏飞等（2018）认为金融发展与绿色全要素生产率负相关。陈明华等（2018）认为金融发展对绿色全要素生产率的影响不显著。基于这些研究，本书将金融发展作为绿色全要素生产率增长的影响因素，具体用金融机构存贷款总额占GDP的比重表示。

伴随着经济增长，以煤炭消费为主的能源消耗增大，污染物排放增多，约束了经济的持续稳定增长。王兵等（2010）、刘伟明（2012）、梅国平（2014）、任阳军（2019）均认为以煤炭消费为主的能源消费结构抑制了绿色全要素生产率增长。因此，本书将能源消费结构作为绿色全要素生产率增长的影响因素，具体用煤炭消费量占能源消费总量的比重表示。

鉴于我国现阶段的基本经济制度是以公有制为主体，多种所有制经济共同发展，所以我们无法忽视所有制结构对绿色全要素生产率的影响。李君（2019）、周五七（2019）认为国有化程度的提高显著抑制了绿色全要素生产率增长。刘伟明（2012）认为国有经济比重对绿色全要素生产率的影响不显著。王兵等（2010）、岳立等（2019）却认为国有化程度对绿色全要素生产率具有显著的正向效应，而且东部地区国有化程度对绿色全要素生产率的正向效应明显高于全国水平。因此，本书将所有制结构作为绿色全要素生产率增长的影响因素，具体用国有及国有控股工业企业主营业务收入占规模以上工业企业主营业务收入的比重表示。

三、实证结果分析

使用面板数据检验收敛性时，一般有两种做法：一是直接利用原始样

创新能力与区域经济增长质量

本;二是将整个样本区间分为若干时段,以便消除商业周期波动和制度变革等因素的影响。在此,我们仍然和前面一样采取 T=2 的分段处理方式,并且控制变量取期初值,比如 2001—2003 年这个时间段,产业集聚取值为 2001 年的值。经检验(以全国 30 个省份的样本为例,豪斯曼检验的卡方统计量为 33.1400,P 值为 0.0001),采用固定效应模型。全国及四大区域的条件 β 收敛检验结果及其他解释变量的回归系数如表 5.4 所示。

表 5.4 全国及四大区域条件收敛性检验结果(不含创新能力)

变量	全国	东部	中部	西部	东北
β	−0.0821*** (−5.3000)	−0.0949*** (−3.0900)	0.0049 (0.1200)	−0.0460 (−1.2000)	−0.1965** (−2.7000)
IC	0.0385*** (3.1800)	0.0022 (0.13)	0.0755*** (3.0400)	0.0622** (2.2700)	0.0557* (2.0300)
ER	−0.0271** (−2.4700)	−0.0309* (−1.6800)	−0.0692*** (−2.7500)	−0.0104 (−0.6200)	−0.0113 (−0.3800)
GOV	−0.0231 (−0.6700)	−0.0365 (−0.5000)	−0.3450** (−2.0200)	−0.0749 (−1.6100)	−0.1230 (−0.5900)
UL	0.1354*** (3.7600)	0.1670*** (3.4100)	0.2687** (2.4700)	0.1489** (2.4300)	−0.1422 (−0.8000)
FD	0.4505 (1.3800)	0.1324 (0.3500)	3.1794*** (2.9400)	0.9376 (1.3600)	3.3378** (2.8700)
ECS	−0.0142 (−1.2400)	−0.0621*** (−3.1800)	−0.0297 (−0.9000)	0.0003 (0.0200)	0.0698 (1.1600)
OS	−0.0123 (−0.8200)	0.0519*** (2.0000)	0.0517 (1.6300)	−0.0023 (−0.0800)	−0.1860** (−2.8100)
α	−0.0373 (−1.3900)	−0.0256 (−0.7100)	−0.1603** (−2.6400)	−0.1004** (−2.0900)	0.0863 (0.5200)
R^2	0.2687	0.4981	0.6838	0.4283	0.6193

从表 5.4 可以看出,全国、东部、西部和东北地区绿色全要素生产率条

件 β 收敛模型的参数 β 值基本小于零，且除中部和西部地区外，均通过显著性检验。这表明整体来看全国各省份的绿色全要素生产率在样本期间存在条件 β 收敛，说明全国各省份的绿色全要素生产率存在向其自身的稳态水平收敛的趋势，并且收敛速度为 8.97%。分地区来看，东部和东北地区各省份的绿色全要素生产率也存在显著的条件 β 收敛性，逐步收敛于其各自的稳态水平，收敛速度分别为 10.52%（东部地区）、24.96%（东北地区）。中部和西部地区各省份的绿色全要素生产率还未呈现条件收敛趋势，说明这两个地区省份间绿色全要素生产率的差异在增加。此外，从表 5.4 中控制变量的回归系数可以看出，产业集聚的回归系数均为正，且除东部地区外，均通过至少 10% 的显著性检验，说明产业集聚能够显著促进绿色全要素生产率的增长。环境规制的回归系数均为负，全国、东部和中部地区通过至少 10% 的显著性检验，说明我国的环境规制在一定程度上抑制了绿色全要素生产率的增长。政府干预的回归系数均为负，但只有中部地区通过 5% 的显著性检验，说明政府对经济的干预在一定程度上抑制了绿色全要素生产率的增长。城镇化水平的回归系数除东北地区外均为正，且在全国和东部地区通过 1% 的显著性检验，说明在我国尤其是东部地区，城镇化水平的提高显著促进了绿色全要素生产率的增长。金融发展的回归系数均为正，且中部和东北地区通过显著性检验，说明金融发展对绿色全要素生产率的促进作用在有的地区显著，有的地区不显著。能源消费结构与所有制结构的回归系数基本为负，而且在东部地区通过显著性检验，说明这两个因素对绿色全要素生产率有负向影响。

第三节 创新能力对绿色全要素生产率条件收敛性的影响分析

上一节利用条件 β 收敛回归模型（5-5），通过加入绿色全要素生产率增长的影响因素（暂未考虑创新能力的影响），实证检验了全国及四大区域的

创新能力与区域经济增长质量

绿色全要素生产率是否存在条件 β 收敛，结果发现全国、东部和东北地区存在条件 β 收敛。那么，创新能力对绿色全要素生产率的收敛性是否有一定的影响？本节将创新能力也考虑进去，作为解释变量加入到上文的条件 β 收敛回归模型（5-5）中，首先通过普通面板回归模型考察创新能力对绿色全要素生产率的条件收敛性是否存在影响，然后考虑空间相关性，引入空间权重矩阵，通过空间面板回归模型进一步考察创新能力对绿色全要素生产率条件收敛性的影响。

一、创新能力对绿色全要素生产率收敛性的影响：基于普通面板回归

将第三章测算得到的各省份创新能力得分和其他影响因素同时作为解释变量，加入到模型（5-5）的影响因素 X 中，运用 Stata 15.0 软件，采用普通面板回归模型进行检验。经检验（以全国 30 个省份的样本为例，豪斯曼检验的卡方统计量为 34.8400，P 值为 0.0001），仍采用固定效应模型。再次对绿色全要素生产率进行条件收敛性检验，全国及四大区域的条件 β 收敛检验结果及其他解释变量的回归系数如表 5.5 所示。

表 5.5　全国及四大区域条件收敛性检验结果（含创新能力）

变量	全国	东部	中部	西部	东北
β	−0.1015*** （−4.8900）	−0.1079*** （−5.5500）	−0.0383 （−0.8100）	−0.0671* （−1.6600）	−0.2042* （−1.8700）
INNO	0.0109 （1.4000）	0.0054 （−0.5500）	0.0644 （1.6400）	0.0410 （−1.4700）	0.0080 （0.1000）
IC	0.0413*** （3.3700）	0.0022 （−0.12）	0.0585** （2.2200）	0.0572** （2.0900）	0.0547* （1.8100）
ER	−0.0267*** （−2.4300）	−0.0293 （−1.5600）	−0.0739*** （−2.9900）	−0.0179 （−1.0200）	−0.0105 （−0.3300）

第五章 创新能力对绿色全要素生产率收敛性的影响分析

续表

变量	全国	东部	中部	西部	东北
GOV	−0.0345 （−0.9800）	−0.0056 （−0.0600）	−0.4113** （−2.4000）	−0.0782* （−1.6900）	−0.1234 （−0.5700）
UL	0.1109*** （2.7700）	0.1711*** （3.4400）	0.1046 （0.7200）	0.0269 （0.2600）	−0.1441 （−0.7700）
FD	0.4408 （1.3500）	0.0680 （0.1700）	2.8048** （2.6000）	0.7056 （1.0000）	3.2393* （2.0600）
ECS	−0.0136 （−1.1900）	−0.0655*** （−3.1800）	−0.0036 （−0.1000）	−0.0048 （−0.3000）	0.0696 （1.1100）
OS	−0.0175 （−1.1300）	0.0612*** （1.9700）	0.0210 （0.5800）	−0.0037 （−0.1300）	−0.1805* （−2.0200）
α	−0.0373 （−1.3900）	−.02830 （−0.7800）	−0.0373 （−0.3900）	−0.0182 （−0.2500）	0.0899 （0.5100）
R^2	0.2757	0.5005	0.7075	0.4460	0.6196

将表5.5中包含创新能力的收敛回归结果与前面表5.4中不包含创新能力的收敛回归结果进行对比分析，可以发现创新能力对绿色全要素生产率的收敛性产生了明显的影响。首先表现为β值的变化。在绿色全要素生产率增长的影响因素中加入创新能力后，全国的β值由−0.0821降低为−0.1015；东部地区的β值由−0.0949降低为−0.1079；东北地区的β值由−0.1965降低为−0.2042；中部地区的β值由0.0049变为−0.0383，虽然中部地区没有通过显著性检验，但是β值的符号已经发生变化；西部地区的β值由−0.0460变为−0.0671，而且通过了10%水平的显著性检验。其次表现为收敛速度的变化。在绿色全要素生产率增长的影响因素中加入创新能力后，全国各省份的条件收敛速度由8.97%提高到11.35%，东部地区的条件收敛速度由10.52%提高到12.15%，西部地区的条件收敛速度由4.83%提高到7.21%，东北地区的条件收敛速度由24.96%提高到26.25%。这都充分说明创新能力显著促进了绿色全要素生产率的条件收敛。然而，创新能力的回归系数虽然

为正，但未通过显著性检验，说明中国区域创新能力没有明显地促进绿色全要素生产率的增长，这一结论与刘晓洁（2018）、葛方艺（2019）的结论一致。所以，虽然创新能力促进了各省份绿色全要素生产率向各自的稳态靠近，但是创新能力对绿色全要素生产率增速的影响不显著。这既可能与当前我国各省份创新能力普遍较低有关，也可能与未考虑空间因素有关。因此，为了更真实地反映创新能力对绿色全要素生产率的影响，下文将考虑空间相关性，重新建模。

二、创新能力对绿色全要素生产率收敛性的影响：基于空间面板回归

1. 空间权重矩阵的确定

在建立空间面板数据模型之前，需要检验被解释变量的空间相关性。考虑到地理距离和区域经济因素的影响，在此沿用第三章构建经济距离空间权重矩阵的方法，利用全国 30 个省份 2001—2017 年的人均实际 GDP 和地理距离，构建全国 30 个省份的经济距离空间权重矩阵。再用同样的方法构建东部、中部、西部和东北地区的经济距离空间权重矩阵。这样既考虑了各个省份空间距离的远近，又考虑了各个省份的经济影响力，从而可以更全面地衡量各省份之间的空间相关性。

2. 空间相关性检验

采用上述经济距离空间权重矩阵，利用 MATLAB 软件，以全国 30 个省份的样本为例，对被解释变量的空间相关性进行检验，结果如表 5.6 所示。

表 5.6 空间相关性检验结果

Moran's I	Z 统计量	P 值
0.1257	3.7738	0.0000

由表 5.6 可知，样本期内各省份绿色全要素生产率增长速度的 Moran's I 值为 0.1257，对应的 Z 统计量的值为 3.7738，P 值为 0.0000。可见，样本期内各省份的绿色全要素生产率增长速度确实存在空间相关性，而且是显著的正向相关，因此可以建立空间面板模型进行研究。

3. 空间面板模型的确定

利用 MATLAB 软件，以全国 30 个省份的样本为例，计算空间滞后面板模型和空间误差面板模型的拉格朗日乘子，并对其进行稳健性检验，结果如表 5.7 所示。

表 5.7 空间面板模型设定检验

原假设	统计量	统计值	P 值
不存在空间滞后	LM SAR	8.6792	0.0030
	R-LM SAR	4.7619	0.0290
不存在空间误差	LM ERR	5.1943	0.0230
	R-LM ERR	1.2770	0.2580

由表 5.7 可知，空间滞后面板模型的 LM SAR 和 R-LM SAR 在 5% 的水平上都通过了显著性检验，而空间误差面板模型的 R-LM ERR 未通过显著性检验，因此选择空间滞后面板模型。

此外，还应确定时空因素的影响是固定效应还是随机效应。一般认为，当样本数量有限，且局限于有限个体进行回归分析时，采用固定效应模型较为适合；而当样本为随机抽取时，则采用随机效应模型更加适合。故本节采用固定效应下的空间滞后面板模型。

4. 模型估计结果

考虑空间相关性后，在经济距离空间权重矩阵下，采用固定效应下的空间滞后面板模型对全国及四大区域再次进行条件收敛性检验，检验结果如表 5.8 所示。

表 5.8 考虑空间相关性的全国及四大区域条件收敛性检验结果

变量	全国	东部	中部	西部	东北
β	−0.0927*** (−5.1800)	−0.1181*** (−3.9100)	−0.0755 (−1.4600)	−0.1101*** (−2.8000)	−0.2403*** (−2.9400)
INNO	0.0004 (0.0000)	0.0197** (2.5300)	0.0058 (0.1500)	0.0431 (1.5900)	0.0367 (0.8800)
IC	0.0385*** (3.0800)	0.0124 (0.7300)	−0.0103 (−0.3300)	0.0788*** (2.6500)	0.0300*** (2.7700)
ER	−0.0138* (−1.3900)	−0.0269* (−1.6800)	−0.0531*** (−3.0000)	−0.0170 (−1.0800)	−0.0050 (−0.3500)
GOV	−0.1091*** (−2.6500)	0.0239 (0.2700)	−0.5431*** (−3.3900)	−0.0961* (−1.9400)	−0.7404*** (−6.9600)
UL	0.0237 (0.5300)	0.0925** (2.2800)	−0.1323 (−1.0200)	0.0875 (0.7500)	−0.4874*** (−3.8900)
FD	−0.7483** (−2.0600)	−0.5089 (−1.5900)	−0.1086 (−0.1000)	−0.5442 (−0.6700)	−2.1040*** (−4.4800)
ECS	−0.0221** (−2.2300)	−0.0719*** (−4.6000)	0.0632** (2.2900)	−0.0007 (−0.0500)	0.0484 (1.3400)
OS	−0.0281* (−1.8600)	0.1044*** (3.8900)	−0.0061 (−0.2000)	−0.0494 (−1.5600)	−0.3921*** (−13.3800)
α	0.0001*** (10.9500)	0.00005*** (6.3200)	0.00004*** (4.8900)	0.0001*** (6.5900)	0.0000** (0.5100)
R^2	0.4141	0.7090	0.8513	0.5394	0.9854

将考虑空间相关性的收敛回归结果表 5.8 与未考虑空间相关性的收敛回归结果表 5.5 进行对比分析，可以发现空间相关性的存在加速了绿色全要素生产率的条件收敛。首先表现为 β 值的变化。考虑空间效应后，东部地区的 β 值由 −0.1079 降低为 −0.1181；中部地区的 β 值由 −0.0383 变为 −0.0755，但仍未通过显著性检验；西部地区的 β 值由 −0.0671 降为 −0.1101，而且通过了 1% 水平的显著性检验，显著性比未考虑空间相关性时提高了；东北地

第五章 创新能力对绿色全要素生产率收敛性的影响分析

区的 β 值由 -0.2042 降低为 -0.2403，而且通过了 1% 水平的显著性检验，显著性比未考虑空间相关性时提高了。其次表现为收敛速度的变化。考虑空间相关性后，东部地区的条件收敛速度由 12.15% 提高到 13.47%，西部地区的条件收敛速度由 7.21% 提高到 12.44%，东北地区的条件收敛速度由 26.25% 提高到 32.75%。这都充分说明空间相关性的存在显著加速了绿色全要素生产率的条件收敛。考虑空间相关性后，只有中部地区仍然不存在显著的条件收敛，其他地区均以更快的速度向各自的稳态水平收敛，呈现"俱乐部收敛"的特征。然而，虽然创新能力的回归系数为正，但除东部地区外，其他地区均未通过显著性检验，说明中国区域创新能力没有明显地促进绿色全要素生产率的增长。究其原因，一方面可能与当前我国各省份创新能力普遍较低有关，导致创新能力对绿色全要素生产率增速的影响不显著；另一方面可能是创新能力对绿色全要素生产率的影响存在门限效应，东部地区创新能力相对较高，对绿色全要素生产率的促进作用已经显现出来，而其他地区创新能力较低，导致对绿色全要素生产率的促进作用不明显。为了更真实地反映创新能力对绿色全要素生产率的影响，本书第七章会进一步分析创新能力是否对绿色全要素生产率存在非线性影响。

第四节 本章小结

鉴于中国区域创新能力存在显著的空间相关性，创新能力高的地区有可能通过人才流动、投资和贸易等方式促进周边地区的技术提升和产业结构调整，进一步优化资源配置，提高周边地区的绿色全要素生产率，缩小相邻区域间的差异，最终促进绿色全要素生产率的收敛，因此，本章首先检验了绿色全要素生产率收敛的存在性，然后检验了区域创新能力对其收敛性的影响。结果如下。①如果不考虑空间相关性，采用普通面板模型，那么全国及四大区域的绿色全要素生产率均不存在显著的 σ 收敛和绝对 β 收敛，但全

创新能力与区域经济增长质量

国、东部和东北地区存在条件 β 收敛。引入创新能力作为解释变量之后，全国、东部和东北地区仍存在显著的条件 β 收敛，且 β 值均变小（即 β 的绝对值变大，也就是收敛速度加快），西部地区也表现出显著的条件 β 收敛，说明区域创新能力对绿色全要素生产率的收敛性有一定的影响。然而，创新能力自身的回归系数不显著，也就是没有显著地促进绿色全要素生产率的增长。②考虑空间相关性，采用空间面板模型后，东部、西部和东北地区的 β 值均继续变小（即 β 的绝对值变大，也就是收敛速度加快），且西部和东北地区的显著性进一步增强，但中部地区仍不存在显著的条件 β 收敛（尽管其 β 的绝对值也变大了）；从全国来看，收敛速度有所下降（即 β 的绝对值变小），但仍显著。所以，综合来看，四大区域各自呈现出更明显的"俱乐部收敛"特征。然而，考虑空间相关性后，虽然创新能力的回归系数仍为正，但除东部地区通过了5%的显著性检验外，全国及其他地区均未通过显著性检验，说明中国多数省份创新能力的提升没有明显地促进绿色全要素生产率的增长。这既可能与当前我国各省份创新能力普遍较低有关，也可能是因为创新能力对绿色全要素生产率的影响存在门限效应，东部地区创新能力相对较高，对绿色全要素生产率的促进作用已经显现出来，而其他地区创新能力较低，导致对绿色全要素生产率的促进作用不明显。关于后者，下文还会做进一步的检验。

第六章 创新能力对绿色全要素生产率的空间溢出效应分析

第五章我们证实了创新能力能够促进绿色全要素生产率的条件收敛,促使各地区向各自的稳态水平收敛,但是实证结果显示只有东部地区的创新能力显著促进了绿色全要素生产率的增长。那么,东部地区各省份的创新能力在促进本省份绿色全要素生产率增长的同时,对相邻省份是否存在空间溢出效应?如果存在,溢出效应的大小是多少?如果我们能证实创新能力对绿色全要素生产率存在正向空间溢出效应,那么创新能力就能促进相邻地区绿色全要素生产率的提高,进而促进相邻地区经济增长质量的提高。因此,考虑到创新能力和绿色全要素生产率的空间自相关性,本章进一步对东部地区创新能力对绿色全要素生产率的影响是否存在空间溢出效应做一个实证检验。具体地,本章将使用空间杜宾模型识别创新能力变动对绿色全要素生产率的直接效应、间接效应和总效应。

第一节 空间杜宾模型简介

随着统计学和计量经济学的发展,人们发现很多经济活动呈现出空间分布特征。考虑空间相关性后，Anselin（1988）给出空间回归模型的一般形式：

$$y = \rho Wy + X\beta + \lambda W\mu + \varepsilon \qquad (6-1)$$

式中，y 为被解释变量，β 是解释变量 $X(n \times k)$ 的参数向量（$k \times 1$），W 是 $n \times n$ 的空间权重矩阵，ρ 和 λ 分别代表空间滞后变量 Wy 和空间自回归结构 $W\mu$ 的系数，ε 为正态分布的随机误差向量。

当因变量存在空间自相关，且随机误差项不存在空间自相关时，此时为空间滞后模型（SLM）。当因变量不存在空间自相关，而随机误差项存在空间自相关时，则为空间误差模型（SEM）。

当同时考虑因变量的空间滞后项和自变量的空间滞后项时，则为空间杜宾模型（SDM），表达式为：

$$y = \rho Wy + X\beta_1 + WX\beta_2 + \varepsilon \qquad \varepsilon \sim N(0, \sigma^2 I_n) \qquad (6-2)$$

式中，β_1 代表自变量的系数，WX 代表自变量的空间滞后项，β_2 代表自变量的空间滞后系数，其他变量的含义同上。当模型中自变量和因变量都存在空间自相关，并通过显著性检验时，更适合使用空间杜宾模型。

空间杜宾模型能够通过效应分解更具体地测度自变量对因变量的影响。其中，把自变量变动对本区域因变量的影响称为直接效应，把自变量变动对周边区域因变量的影响称为间接效应。Lesage 和 Pace（2009）使用"求偏微分法"分别测算直接效应和间接效应。其假设空间杜宾模型的形式为：

$$y = \rho Wy + X\beta + WX\theta + I_n\alpha + \varepsilon \qquad (6-3)$$

式中，y 为因变量向量，W 为空间邻接矩阵，X 为自变量向量，I_n 为 n 阶单位矩阵，ρ、β、θ、α 为待估计参数，ε 为随机误差项。将上式变形后得到：

$$y = \sum_{r=1}^{k} S_r(W)x_r + V(W)I_n\alpha + V(W)\varepsilon \qquad (6-4)$$

式中，$S_r(W) = V(W)(I_n\beta_r + W\theta_r)$，$V(W) = (I_n - \rho W)^{-1} = I_n + \rho W + \rho^2 W^2 + \rho^3 W^3 + \cdots$，$k$ 为自变量个数，x_r 表示第 r 个自变量的值，θ_r 表示滞后

变量 WX 的第 r 个滞后变量系数，则有：

$$\begin{bmatrix} y_1 \\ y_2 \\ \vdots \\ y_n \end{bmatrix} = \sum_{r=1}^{k} \begin{bmatrix} S_r(W)_{11} & S_r(W)_{12} & \cdots & S_r(W)_{1n} \\ S_r(W)_{21} & S_r(W)_{22} & \cdots & S_r(W)_{2n} \\ \vdots & \vdots & \vdots & \vdots \\ S_r(W)_{n1} & S_r(W)_{n2} & \cdots & S_r(W)_{nn} \end{bmatrix} \begin{bmatrix} x_{1r} \\ x_{2r} \\ \vdots \\ x_{nr} \end{bmatrix} +$$

$$V(W)I_n\alpha + V(W)\varepsilon \qquad (6-5)$$

$$y_i = \sum_{r=1}^{k} [S_r(W)_{i1}x_{1r} + S_r(W)_{i2}x_{2r} + \cdots + S_r(W)_{in}x_{nr}] +$$

$$V(W)_i I_n\alpha + V(W)_i\varepsilon \qquad (6-6)$$

$$\frac{\partial y_i}{\partial x_{jr}} = S_r(W)_{ij} \qquad (6-7)$$

由上式可知，偏导系数 $S_r(W)_i$ 表示区域 i 自变量 x_{ir} 的变动对本区域因变量的影响，即直接效应，矩阵 $S_r(W)$ 对角线上的数值表示区域自变量对本区域因变量的直接影响，其平均值是 X 参数 β 的估计值，代表整体直接效应；偏导系数 $S_r(W)_{ij}$ 则表示的是区域 j 自变量 x_{jr} 的变动对区域 i 因变量的影响，即间接效应，矩阵 $S_r(W)$ 非对角线上的数值表示本区域自变量对其他区域因变量的间接影响，其平均值是参数 WX 的估计值 θ，代表整体间接效应。

第二节 变量选取及模型选择

为分析东部地区创新能力对绿色全要素生产率的空间溢出效应，下面采用空间杜宾模型进行测度及分解。

一、变量选取

被解释变量：本章仍采用东部各省份的定基绿色全要素生产率指数代表

绿色全要素生产率水平，但为了使数据更加平稳，减少异方差，这里对绿色全要素生产率水平取对数形式，即 Ln$GTFP$。

核心解释变量：创新能力（$INNO$），采用第三章测算得到的东部各省份创新能力综合得分。

控制变量 X：与第五章一致，仍包括以下几项。产业集聚（IC），具体用各省份的第二产业比重/全国的第二产业比重表示；环境规制（ER），具体用工业污染治理投资完成额占工业增加值的比重表示；政府干预（GOV），具体用财政支出占 GDP 的比重表示；城镇化水平（UL），具体用城镇人口占总人口的比重表示；金融发展（FD），具体用金融机构存贷款总额占 GDP 的比重表示；能源消费结构（ECS），具体用煤炭消费量占能源消费总量的比重表示；所有制结构（OS），具体用国有及国有控股工业企业主营业务收入占规模以上工业企业主营业务收入的比重表示。

空间杜宾模型的具体表达式为：

$$\text{Ln}GTFP_{it} = \rho W_{ij} \text{Ln}GTFP_{it} + \alpha_1 INNO_{it} + \alpha_2 IC_{it} + \alpha_3 ER_{it} + \alpha_4 GOV_{it} + \alpha_5 UL_{it} + \alpha_6 FD_{it} + \alpha_7 ECS_{it} + \alpha_8 OS_{it} + \sigma W_{ij} X_{it} + \varepsilon_{it} \quad (6-8)$$

二、空间相关性检验

沿用第三章构建经济距离空间权重矩阵的方法，利用东部地区 10 个省份 2001—2017 年的人均实际 GDP 和地理距离，构建东部地区 10 个省份的经济距离空间权重矩阵，然后利用 MATLAB 软件对被解释变量，即东部地区绿色全要素生产率水平（对数形式）进行空间相关性检验，结果如表 6.1 所示。

表 6.1 空间相关性检验结果

Moran's I	Z 统计量	P 值
0.0915	1.8139	0.0697

第六章　创新能力对绿色全要素生产率的空间溢出效应分析

由表 6.1 可知，样本期内东部各省份绿色全要素生产率水平（对数形式）的 Moran's I 值为 0.0915，并通过 10% 水平的显著性检验，说明绿色全要素生产率水平的对数形式存在显著的空间自相关，需要进行空间计量分析。

三、模型选择

接下来通过模型检验来确定是否采用空间杜宾模型。先使用 LM 检验、Robust LM 检验确定是选用普通面板模型还是空间面板模型。

从表 6.2 可知，LM 检验中各统计量均通过了 1% 水平的显著性检验，因此应该构建空间计量模型。但是，无论是 LM lag 和 Robust LM lag，还是 LM error 和 Robust LM error，都非常显著，说明在空间滞后模型和空间误差模型之间没有特别的偏向性。所以，接下来进行 Wald 检验，判断是否应该选择空间杜宾模型。检验结果如表 6.3 所示。

表 6.2　面板数据的 LM、Robust LM 检验结果

统计量	统计值	P 值
LM lag	39.8009	0.0000
Robust LM lag	47.7478	0.0000
LM error	3.3869	0.0060
Robust LM error	12.3338	0.0000

表 6.3　空间面板数据的 Wald 检验结果

Wald 检验	Wald 统计量	P 值
Wald spatial lag	29.7991	0.0000
Wald spatial error	27.1100	0.0000

表 6.3 的检验结果表明，不论是 SLM 还是 SEM 的 Wald 检验均通过 1% 水平的显著性检验，因此空间杜宾模型最为合适。实际上，相对于另外两种

空间面板模型，这里采用空间杜宾模型不仅能分析空间总效应，还能够区分直接效应与间接效应。综合考虑，下面的实证分析中采用空间杜宾模型来检验创新能力对绿色全要素生产率的空间溢出效应。

第三节 实证结果分析

一、空间杜宾模型回归结果

空间杜宾模型分为空间个体固定效应模型和空间个体随机效应模型两种形式。借助 MATLAB 软件，可以得出两种形式下的模型参数估计结果。

从表 6.4 来看，两种形式模型的拟合优度相差不大，但是空间个体固定效应模型的自然对数似然值（319.4777）更大，因此考虑选用空间杜宾个体固定效应模型对东部地区 10 个省份创新能力对绿色全要素生产率水平（对数形式）的空间溢出效应进行测度及分解。

表 6.4 空间杜宾模型的估计结果

变量	固定效应 系数	固定效应 T 统计量	随机效应 系数	随机效应 T 统计量
INNO	0.1711***	8.6943	0.1435***	6.3582
IC	0.0587*	1.6542	0.0771*	1.7202
ER	−0.0949**	−2.1256	−0.1772***	−2.8714
GOV	−1.3671***	−6.8065	0.1819	1.1011
UL	0.4567***	3.7172	0.2124**	2.1626
FD	3.3054***	3.4246	4.4708***	5.8375
ECS	−0.0273	−0.5036	0.0764	1.5138

第六章　创新能力对绿色全要素生产率的空间溢出效应分析

续表

变量	固定效应 系数	固定效应 T统计量	随机效应 系数	随机效应 T统计量
OS	−0.3314***	−4.2856	−0.1449***	−2.8437
$W \times LNGTFP$	0.3000***	4.8759	0.2310**	2.5688
$W \times INNO$	0.1528***	3.6299	0.2356***	5.5436
$W \times IC$	−0.1493***	−2.8467	−0.1165**	−2.1265
$W \times ER$	−0.2121***	−2.9567	−0.0572	−0.5338
$W \times GOV$	0.6168*	1.8281	0.4761*	1.8173
$W \times UL$	0.5642**	2.2964	−1.5202***	−5.4921
$W \times FD$	−3.1625**	−2.1031	−2.0116	−1.0635
$W \times ECS$	0.1795*	1.7731	0.2284*	1.8872
$W \times OS$	−0.1907	−1.6339	−0.7988***	−5.8099
R^2	0.9486		0.9017	
Log-likelihood	319.4777		265.3846	

由表6.4可以看出，创新能力、产业集聚、城镇化水平和金融发展对绿色全要素生产率水平（对数形式）的影响为正，回归系数分别为0.1711、0.0587、0.4567、3.3054，并通过显著性检验。这说明创新能力的提升有利于开发新要素、新产品、新工艺，有利于集约型经济增长方式的实现，从而通过改善环境，降低物质消耗，提升绿色全要素生产率，提高经济增长质量；产业集群的发展有利于集聚生产要素、优化资源配置，有利于实现资源集约利用，提高绿色全要素生产率；城镇化水平的提高能够创造较多的就业机会，促进产业结构优化升级，有利于科技进步和信息化的推进，还可以改善环境，提高人们的生活质量，从而有助于提高绿色全要素生产率，促进经济高质量增长；金融发展有助于实现资本的集聚，帮助实现现代化的大规模生产经营，实现规模经济，有助于提高全社会的投资水平，提高资源的使用效率，从而提高绿色全要素生产率，促进经济增长质量提升。而环境规制、政

府干预、能源消费结构和所有制结构对绿色全要素生产率水平（对数形式）的影响为负，回归系数分别为 –0.0949、–1.3671、–0.0273、–0.3314，除能源消费结构外均通过显著性检验。这说明在经济增长方式转变的过程中，东部地区的环境规制在一定程度上抑制了绿色全要素生产率的增长，这可能与环境规制力度和效率有关；政府也可能会做出不利于经济转型的行为，增加经济转型的难度，比如政府在通过政府购买、转移支付、买卖政府债券等方式调控经济时，可能缺少规范化和透明度，在某种程度上与市场机制相冲突，不利于市场效率的提高；在能源消费结构中，煤炭消费所占的比例越高，污染物的排放越多，从而不利于环境保护，不利于绿色经济增长方式的实现，对绿色全要素生产率有抑制作用，不利于经济增长质量的提升，不显著的原因可能是能源消费结构的调整是一个长期的过程，当新能源、清洁能源等被创造出来并广泛使用后，能源消费结构才会有较好的调整；所有制结构方面，国有企业在经营管理上存在一些问题，导致资源的无效配置和浪费，不利于绿色全要素生产率的提高，不利于经济转型升级。

绿色全要素生产率水平（对数形式）的空间滞后项系数为 0.3000，且通过 1% 水平的显著性检验，说明相邻省份绿色全要素生产率水平的提高也会带动本省份绿色全要素生产率水平的提高。创新能力的空间滞后项系数为 0.1528，且通过 1% 水平的显著性检验，这主要是因为相邻省份创新能力的提升会通过技术扩散、贸易和投资等方式带动本省份的技术进步，提高资源利用率，促进绿色全要素生产率的提升。城镇化水平的空间滞后项系数显著为正，说明相邻地区城镇化水平的提高，也会给本区域带来更多的就业机会，促进产业结构调整，提高资源利用效率。产业集聚、环境规制和金融发展的空间滞后项系数均显著为负，原因可能是：相邻省份工业集聚化水平的提高、金融发展规模的扩大会吸引本省份的劳动力和资本，导致人才和资本外流，不利于生产效率的提高；相邻省份环境规制力度加大可能会促使高污染产业转移到本省份，从而增加了污染物排放，破坏了环境，抑制了绿色全要素生产率的提升。

二、不同空间权重矩阵下的稳健性检验

鉴于空间权重矩阵的构建方法可能会对参数估计结果造成一定的影响，因此参照第三章构建空间权重矩阵的方法，利用东部地区 10 个省份的邻接情况和地理距离，分别构建东部地区 10 个省份的 0-1 空间权重矩阵和距离空间权重矩阵，再运用上述方法分别进行空间杜宾个体固定效应模型估计，对上面的估计结果进行稳健性检验。估计结果如表 6.5 所示。

表6.5 各种空间权重矩阵下的空间杜宾模型估计结果

变量	0-1 空间权重矩阵 系数	T 统计量	距离空间权重矩阵 系数	T 统计量
INNO	0.1730***	10.2227	0.1738***	9.6503
IC	0.0582*	1.7408	0.0582*	1.6932
ER	−0.1137***	−2.6882	−0.1109**	−2.5709
GOV	−1.3847***	−7.1598	−1.4496***	−7.4291
UL	0.3545***	2.9853	0.3152**	2.5656
FD	2.6113***	2.7678	2.9163***	3.0750
ECS	0.0261	0.5039	0.0286	0.5431
OS	−0.2642***	−3.5417	−0.3081***	−4.0560
W × LNGTFP	0.3748***	7.1453	0.3796**	6.3134
W × INNO	0.0967***	3.5257	0.0516*	1.4578
W × IC	−0.1390***	−3.1286	−0.1548***	−3.1382
W × ER	−0.1204**	−2.2941	−0.1539**	−2.3680
W × GOV	0.7217**	2.5693	0.6385*	1.8656
W × UL	0.4818***	3.2319	1.5043***	6.2161
W × FD	0.4912	0.3835	−0.6767	−0.5284

续表

变量	0-1空间权重矩阵		距离空间权重矩阵	
	系数	T统计量	系数	T统计量
$W \times ECS$	0.1039	1.4671	−0.1322	−1.3254
$W \times OS$	−0.2615***	−2.6813	0.0130	0.1213
R^2	0.9531		0.9513	
Log-likelihood	323.3710		322.38678	

结合表 6.4 和表 6.5，对比三种不同空间权重矩阵的估计结果发现：

（1）在不同的空间权重矩阵的估计结果中，东部省份绿色全要素生产率水平（对数形式）的空间滞后项系数均显著为正，表明东部地区省份间绿色全要素生产率的空间溢出效应具有稳健性。

（2）核心解释变量区域创新能力的回归系数和空间滞后项系数在三种不同的空间权重矩阵下均显著为正，估计结果较为一致，这充分说明东部地区作为全国创新能力较高的地区，其创新能力已经明显促进了本地区和相邻地区绿色全要素生产率的增长。

（3）控制变量的回归系数和空间滞后项系数在不同的空间权重矩阵下基本一致。如产业集聚的回归系数均为正，空间滞后项系数均为负，产业集聚使资源能够得到更有效的配置，有利于集约化发展，促进绿色全要素生产率的增长，但是工业集聚程度的提高也会导致资源竞争，加剧环境污染，不利于绿色全要素生产率的提升。环境规制的回归系数和空间滞后项系数均显著为负，说明虽然治理环境能够减少环境污染，改善经济增长环境，但是适当的环境规制才会促进绿色全要素生产率的提升。政府干预和所有制结构的回归系数显著为负，说明东部省份政府对经济的干预和所有制结构显著地抑制了绿色全要素生产率的提高。城镇化水平的回归系数和空间滞后项系数均显著为正，说明东部省份的城镇化发展显著促进了绿色全要素生产率的提升。金融发展的回归系数均为正，可能是由于东部地区的金融发展实现了资本

第六章 创新能力对绿色全要素生产率的空间溢出效应分析

的集聚与扩张，提高了资本的利用率，显著促进了绿色全要素生产率的增长；但其空间滞后项系数在不同的空间权重矩阵下有所不同。能源消费结构的回归系数和空间滞后项系数基本都不显著，对绿色全要素生产率的影响不明显。

综上可见，在三种不同的空间权重矩阵下，参数估计结果基本一致，这也在一定程度上说明我们采用空间杜宾个体固定效应模型估计的结果具有较强的稳健性，故下文以经济距离空间权重矩阵为代表进行空间溢出效应的分解。

三、效应分解：直接效应与间接效应

根据上文的模型估计结果，东部地区各省份的创新能力对绿色全要素生产率水平（对数形式）的空间溢出效应明显存在，因此，以经济距离空间权重矩阵为代表，进一步采用空间回归偏微分方法分解创新能力对绿色全要素生产率的空间溢出效应，结果如表6.6所示。

表6.6 东部省份空间杜宾模型的效应分解

变量	直接效应 系数	直接效应 T统计量	间接效应 系数	间接效应 T统计量	总效应 系数	总效应 T统计量
INNO	0.1759***	9.3534	0.0692***	4.3352	0.2451***	11.3547
IC	0.0592	1.6052	0.0229	1.4856	0.0822	1.6121
ER	−0.0955*	−2.0683	−0.0378	−1.7696	−0.1334*	−2.0525
GOV	−1.4046***	−6.8611	−0.5623***	−3.2047	−1.9670***	−6.1083
UL	0.4655***	3.9772	0.1841**	2.8484	0.6496***	3.9656
FD	3.3795***	3.4210	1.3406**	2.5769	4.7201***	3.3925
ECS	−0.0268	−0.4669	−0.0112	−0.4533	−0.0380	−0.4672
OS	−0.3425***	−4.4210	−0.1352**	−3.0927	−0.4778***	−4.4823

（1）创新能力的空间溢出效应。①直接效应。根据表6.6的分解结果，

创新能力与区域经济增长质量

在经济距离空间权重矩阵下,创新能力对绿色全要素生产率水平(对数形式)的直接效应为0.1759,并通过了1%的显著性检验,说明创新能力每提升1单位,将促进本省份绿色全要素生产率水平提升17.59%。②间接效应。创新能力对绿色全要素生产率水平(对数形式)的间接效应为0.0692,并通过了1%的显著性检验,说明本省份创新能力每提升1单位,将促进相邻省份绿色全要素生产率水平提升6.92%。结合第三章对创新能力的分析,东部地区的创新能力在国内处于领先地位,经济也较发达,东部省份创新能力的提升,通过技术扩散,使得相邻省份的生产效率得到提高,促进了相邻省份绿色全要素生产率的增长。这个结果与第五章考虑空间相关性的条件收敛性检验结果一致。

(2)控制变量的效应分解。产业集聚的直接效应、间接效应和总效应均为正,但未通过显著性检验。原因可能如下:一方面,工业集群的发展有利于集聚生产要素、优化资源配置,有利于实现资源集约利用,提高绿色全要素生产率;另一方面,相邻省份工业集聚化程度的提高又会带来资源竞争,加剧环境污染,不利于绿色全要素生产率的提升。因此,总体来看,产业集聚对绿色全要素生产率的促进作用不明显。这个结果与第五章考虑空间相关性的条件收敛性检验结果符号一致,但显著性不同,可能与第五章没有使用样本期内所有年份的数据有关。

环境规制的直接效应、间接效应和总效应均为负,其中间接效应未通过显著性检验。这说明适度的环境规制能够通过增加企业生产成本,刺激企业技术进步,改善环境,提高绿色全要素生产率,但是过度的环境规制会导致本省份大范围的生产停工,抑制社会生产,降低绿色全要素生产率,而且环境规制严格的地区生产成本太高,导致污染企业向相邻省份迁移,对相邻省份造成环境污染,也会抑制相邻省份绿色全要素生产率的增长。从结果来看,东部地区目前的环境规制在一定程度上抑制了绿色全要素生产率的提升,而且环境规制对本省份绿色全要素生产率的负面影响比对相邻省份绿色全要素生产率的负面影响更大、更显著。这个结果与第五章考虑空间相关性

第六章 创新能力对绿色全要素生产率的空间溢出效应分析

的条件收敛性检验结果一致。

政府干预的直接效应、间接效应和总效应均显著为负。这说明东部省份政府对经济的干预过多不仅会抑制本省份绿色全要素生产率的增长，还对相邻省份的绿色全要素生产率产生负面影响。在东部省份经济增长方式转变的过程中，政府对经济的调控与市场机制有时存在一定的冲突，增加了经济转型的难度，不利于市场效率的提高，同时还对相邻省份带来负面效应。这个结果与第五章考虑空间相关性的条件收敛性检验结果有差别，可能与第五章没有使用样本期内所有年份的数据有关。

城镇化水平的直接效应、间接效应和总效应均显著为正。这说明东部省份城镇化水平的提高能够为本省份和相邻省份创造更多的就业机会，促进产业结构优化升级，有利于科技进步和信息化的推进，还可以改善环境，提高人们的生活质量，从而有助于提高绿色全要素生产率，促进经济高质量增长。这个结果与第五章考虑空间相关性的条件收敛性检验结果一致。

金融发展的直接效应、间接效应和总效应均显著为正。这说明东部省份的金融发展实现了资本的集聚与扩张，提高了资本的利用率，拓宽了本省份和相邻省份企业的融资渠道，促使企业扩大生产规模，降低生产成本，同时也提升了环境治理的能力，显著促进了绿色全要素生产率的增长。这个结果与第五章考虑空间相关性的条件收敛性检验结果有差别，可能与第五章没有使用样本期内所有年份的数据有关。

能源消费结构的直接效应、间接效应和总效应均为负，但没有通过显著性检验。这说明东部省份煤炭消费比例的增加会导致污染物排放增加，污染本省份和相邻省份的生态环境，提高了环境治理的成本，增加了经济增长的代价，不利于绿色发展，抑制了本省份和相邻省份绿色全要素生产率的增长。这个结果与第五章考虑空间相关性的条件收敛性检验结果一致。

所有制结构的直接效应、间接效应和总效应均显著为负。这说明东部省份国有企业在经营管理上存在一些问题，导致竞争力和创新精神有所欠缺，造成资源闲置、浪费和不合理的配置，抑制绿色全要素生产率的增长。这个结果与第五章考虑空间相关性的条件收敛性检验结果有差别，可能与第五章没有使用样本期内所有年份的数据有关。

第四节　本章小结

本章运用空间杜宾模型，基于经济距离空间权重矩阵，分析了东部省份创新能力对绿色全要素生产率水平（对数形式）的空间溢出效应，并进一步采用空间回归偏微分方法将其分解为直接效应、间接效应和总效应，相关结论如下。

（1）创新能力的空间溢出效应。创新能力对绿色全要素生产率水平（对数形式）的直接效应显著为 0.1759，间接效应显著为 0.0692，说明东部某省份的创新能力每提升 1 单位，不仅将促进本省份的绿色全要素生产率水平提升 17.59%，还将促进相邻省份的绿色全要素生产率水平提升 6.92%。这充分说明作为全国创新能力较高的地区，东部省份创新能力的提升不仅显著促进了本省份绿色全要素生产率的增长，还通过人才流动、技术扩散等方式显著促进了相邻省份绿色全要素生产率的增长，对经济增长质量的提升有很大作用。

（2）控制变量的空间溢出效应。产业集聚的直接效应、间接效应和总效应均为正，但未通过显著性检验，说明产业集聚对绿色全要素生产率的促进作用不明显。环境规制的直接效应、间接效应和总效应均为负，其中间接效应未通过显著性检验，说明东部地区的环境规制在一定程度上抑制了绿色全要素生产率的提升，而且环境规制对本省份绿色全要素生产率的负面影响比对相邻省份绿色全要素生产率的负面影响更大、更显著。政府干预的直接效应、间接效应和总效应均显著为负，说明东部省份政府对经济的干预过多不仅会抑制本省份绿色全要素生产率的增长，还对相邻省份的绿色全要素生产率产生负面影响。城镇化水平的直接效应、间接效应和总效应均显著为正，

第六章 创新能力对绿色全要素生产率的空间溢出效应分析

说明东部省份城镇化水平的提高能够为本省份和相邻省份创造更多的有利条件，有助于提高绿色全要素生产率，促进经济高质量增长。金融发展的直接效应、间接效应和总效应均显著为正，说明东部省份的金融发展显著促进了绿色全要素生产率的增长。能源消费结构的直接效应、间接效应和总效应均为负，说明东部省份煤炭消费比例的增加不利于绿色发展，抑制了本省份和相邻省份绿色全要素生产率的提升。所有制结构的直接效应、间接效应和总效应均显著为负，说明东部省份国有企业可能在经营管理上存在一些问题，造成资源闲置、浪费和不合理的配置，抑制绿色全要素生产率的增长。

第七章 创新能力对绿色全要素生产率的非线性影响分析

第五章的实证检验结果显示,只有东部地区的创新能力显著促进了绿色全要素生产率的增长,全国、中部、西部和东北地区均不显著,当时我们猜测原因可能是我国区域间的创新能力差距较大,导致两者之间存在非线性关系。换言之,创新能力对绿色全要素生产率的影响可能存在门限效应,东部地区创新能力相对较高,对绿色全要素生产率的促进作用已经显现出来,而其他地区创新能力较低,导致对绿色全要素生产率的促进作用不明显。本章将使用门限回归模型对这一猜测进行实证检验。

第一节 门限回归模型简介

门限回归模型由 Hansen(2000)提出,用于检验、估计变量之间的非线性关系。其中,单一门限模型方程设定如下:

$$y_{it} = u_{it} + \beta_1 X_{it} I(m_{it} \leq \lambda) + \beta_2 X_{it} I(m_{it} > \lambda) + \varepsilon_{it} \qquad (7-1)$$

其中,y_{it} 为被解释变量(因变量),X_{it} 为解释变量,m_{it} 为门限变量,λ

为其函数的门限值，u_{it} 为个体效应，ε_{it} 为随机误差项，且满足 $\varepsilon_{it} \sim N(0, \sigma^2)$，排除了对滞后项的解释作用。$\beta_1$、$\beta_2$ 为方程的两个系数。I 为指示函数，当 $m_{it} \leq \lambda$ 时，$I=1$，当 $m_{it} > \lambda$ 时，$I=0$。

类似地，双重门限模型方程设定如下：

$$y_{it} = u_{it} + \beta_1 X_{it} I(m_{it} \leq \lambda_1) + \beta_2 X_{it} I(\lambda_2 \geq m_{it} > \lambda_1) + \beta_3 X_{it} I(m_{it} > \lambda_2) + \varepsilon_{it} \quad (7-2)$$

第二节　变量选取及实证检验结果

一、变量选取

被解释变量：本章的被解释变量为绿色全要素生产率增长速度，具体是在第四章用 MaxDEA 软件测算的绿色全要素生产率指数基础上，对其取对数，来代表 2001—2017 年各省份的绿色全要素生产率增长速度。

门限变量：创新能力（INNO），仍采用第三章基于综合指标体系所得到的创新能力得分。

控制变量 X：与第五章一致，仍包括以下几项。产业集聚（IC），具体用各省份的第二产业比重/全国的第二产业比重表示；环境规制（ER），具体用工业污染治理投资完成额占工业增加值的比重表示；政府干预（GOV），具体用财政支出占 GDP 的比重表示；城镇化水平（UL），具体用城镇人口占总人口的比重表示；金融发展（FD），具体用金融机构存贷款总额占 GDP 的比重表示；能源消费结构（ECS），具体用煤炭消费量占能源消费总量的比重表示；所有制结构（OS），具体用国有及国有控股工业企业主营业务收入占规模以上工业企业主营业务收入的比重表示。

单一门限模型的具体表达式为：

$$\text{Ln}GTFP_{it} = u_{it} + \beta_1 X_{it} I(INNO_{it} \leq \lambda) + \beta_2 X_{it} I(INNO_{it} > \lambda) + \varepsilon_{it} \quad (7-3)$$

二、门限效应检验与门限值的确定

在进行创新能力门限效应检验之前,先进行豪斯曼检验,判断是选择固定效应模型还是随机效应模型。经检验,卡方统计量为14.6100,P值为0.0672,通过了10%水平的显著性检验,因此选择固定效应模型。再运用Stata 15.0软件,基于门限面板模型,通过Bootstrap自抽样500次,以创新能力为门限变量进行门限效应显著性检验。由表7.1可知,存在单一门限效应,而双重门限效应未通过显著性检验。因此,本书选择单一门限模型进行估计。

表7.1 创新能力对绿色全要素生产率增长的门限效应检验

门限变量	门限顺序	门限值 λ	F值	P值	95%的置信区间	BS次数	种子值
创新能力	单一门限	0.3328	27.0100	0.0360	[0.2741, 0.3337]	500	400
	双重门限	0.2892 −0.5642	14.6300	0.1420	[0.2546, 0.2985] [−0.5920, −0.5597]	500	400

三、门限回归模型的参数估计结果分析

以创新能力为门限变量的单一门限模型的估计结果如表7.2所示。下面对这一结果的经济含义进行解释。

表7.2 面板门限模型回归结果

解释变量	回归系数	T统计量
INNO<0.3328	0.0243**	2.3400
INNO>0.3328	0.0422***	4.2400
IC	0.0401***	4.9200
ER	−0.0089	−1.1600

第七章 创新能力对绿色全要素生产率的非线性影响分析

续表

解释变量	回归系数	T 统计量
GOV	−0.0619**	−2.2200
UL	0.0125	0.3700
FD	−0.1213	−0.4900
ECS	−0.0072	−0.8600
OS	0.0248*	1.9700
Constant	−0.0027	−0.1200
R^2	0.4615	

（1）创新能力对绿色全要素生产率增长的影响。从表 7.2 可以看出，区域创新能力对我国绿色全要素生产率增长的影响存在显著的单一门限效应。当区域创新能力得分小于门限值 0.3328，即与全国创新能力平均得分相比，不超过 0.3328 时[①]，创新能力每增加 1 单位，我国绿色全要素生产率增长速度将提升 2.43%，并通过 5% 水平的显著性检验，这表明创新能力对我国绿色全要素生产率的增长产生了促进作用。而当区域创新能力得分大于门限值 0.3328 时，创新能力每增加 1 单位，我国绿色全要素生产率增长速度将提升 4.22%，并通过 1% 水平的显著性检验，这表明区域创新能力超过门限值之后，对我国绿色全要素生产率的促进作用将更大、更显著。从第三章对区域创新能力的评价得分可知，样本期内，东部地区的创新能力得分均值为 0.4942，在门限值之上，所以显著促进了绿色全要素生产率的增长；而其他地区创新能力得分均值都小于 0，即低于全国平均水平，因此对绿色全要素生产率的促进作用要小得多，甚至不显著。这就验证了本章开头的猜测。

（2）控制变量对绿色全要素生产率增长的影响。从全国 30 个省份来看，产业集聚的回归系数为正，且通过 1% 水平的显著性检验，该结果与第五章空间面板回归的结果一致，说明总体上中国工业集聚化程度的提高显著促进

---

① 由于第三章对评价指标的无量纲化处理方法为标准化方法，故全国各省份创新能力的平均得分为 0。如果某省份的创新能力得分大于 0，则表示高于全国平均水平。

了绿色全要素生产率的提升。环境规制的回归系数为负，但未通过显著性检验，说明中国的环境规制可能在一定程度上对经济发展产生了负面影响，不利于绿色全要素生产率的增长，该结果与第五章空间面板回归的结果符号一致，显著性不同。政府干预的回归系数显著为负，该结果与第五章空间面板回归的结果一致，说明我国政府在样本期间对经济的干预较多，不利于市场机制的运行，阻碍了绿色全要素生产率的增长。城镇化水平的回归系数为正，但不显著，该结果与第五章空间面板回归的结果符号一致，显著性不同，这说明虽然城镇化水平的提高能够创造较多的就业机会，促进产业结构优化升级，但是从全国范围看，可能存在不科学的城镇化，比如为了政绩摊大饼、搞扩张，导致城镇化水平的提高对绿色全要素生产率的促进作用未能显现出来。金融发展和能源消费结构的回归系数均为负，但未通过显著性检验，说明两者对绿色全要素生产率的增长可能存在一些负面影响，但是还不明显，该结果与第五章空间面板回归的结果符号一致，显著性不同。所有制结构的回归系数为正，且通过了10%水平的显著性检验，该结果与第五章空间面板回归的结果差异较大，可能是因为将样本期内所有年份的数据考虑进来，使国有企业规模较大、管理机制健全、资本较雄厚的优势显现出来，有利于实现规模生产，降低生产成本，提高绿色全要素生产率。总的来看，这些控制变量在门限回归模型中的回归结果与第五章空间面板回归的结果大部分一致，有些变量的回归结果与第五章空间面板回归的结果符号一致，但是显著性不同，原因可能是这两章使用的数据处理方式不同，本章使用的是样本期内所有年份的数据，而第五章是将样本期内所有年份的数据分为8个时间段，这种数据处理的差异可能会导致结果稍有不同。

第三节 本章小结

本章从门限效应的视角，在Hansen的门限回归模型基础上，以创新能

第七章 创新能力对绿色全要素生产率的非线性影响分析

力为门限变量,实证检验了我国区域创新能力对绿色全要素生产率增长的非线性影响,以期证明创新对经济增长质量乃至经济高质量发展的影响。本章结论如下:

(1)创新能力对绿色全要素生产率增长的非线性影响。以创新能力为门限变量的回归结果表明,区域创新能力对我国绿色全要素生产率增长的影响存在显著的单一门限效应。当区域创新能力得分小于门限值0.3328,即与全国创新能力平均得分相比,不超过0.3328时,创新能力每增加1单位,我国绿色全要素生产率增长速度将提升2.43%,并通过5%水平的显著性检验,这表明创新能力对我国绿色全要素生产率的增长产生了促进作用。而当区域创新能力得分大于门限值0.3328时,创新能力每增加1单位,我国绿色全要素生产率增长速度将提升4.22%,并通过1%水平的显著性检验,这表明区域创新能力超过门限值之后,对我国绿色全要素生产率的促进作用将更大、更显著。

(2)控制变量对绿色全要素生产率增长的影响。从全国30个省份来看,总体上中国工业集聚化程度的提高显著促进了绿色全要素生产率的提升。中国的环境规制可能在一定程度上对经济发展产生了负面影响,不利于绿色全要素生产率的增长。我国政府在样本期间对经济的干预较多,不利于市场机制的运行,阻碍了绿色全要素生产率的增长。我国在城镇化进程中可能存在不科学的城镇化,比如为了政绩摊大饼、搞扩张,导致城镇化水平的提高对绿色全要素生产率的促进作用未能显现出来。金融发展和能源消费结构对绿色全要素生产率的增长可能存在一些负面影响,但是还不明显。将样本期内所有年份的数据考虑进来,使国有企业规模较大、管理机制健全、资本较雄厚的优势显现出来,有利于实现规模生产,降低生产成本,促进绿色全要素生产率的增长。

第八章 结论与政策启示

通过前面的章节，我们对区域创新能力和经济增长质量进行了评价分析，并从多角度实证检验了创新能力对经济增长质量的核心——绿色全要素生产率的影响，得到了一些有价值的结论。本章先对前面章节研究的主要内容和结论进行总结，然后针对本书的实证研究结果，提出相应的政策启示。

第一节 结论

一、关于区域创新能力的时空演变格局

2000—2017年中国区域创新能力基本上呈逐年稳步提高的趋势，但是存在区域差异，东部地区创新能力最高，东北地区次之，中西部地区最低。各省份的创新能力呈现显著的HH型和LL型的空间俱乐部现象，其中高高集聚区主要分布在东部地区，低低集聚区主要分布在西部地区和中部地区。

二、关于区域经济增长质量的时空演变格局

本书选取绿色全要素生产率对经济增长的贡献份额作为区域经济增长质量的测度指标，研究发现，2001—2017 年各省份绿色全要素生产率对经济增长的贡献份额的均值为 20.8938%，经济增长质量较高的省份大多数是经济比较发达的省份。在不同时期，经济增长质量波动较大：在加入 WTO 初期（2001—2007 年）绿色全要素生产率对经济增长的贡献份额为 17.0543%，国际金融危机时期（2008—2010 年）下降为 12.9245%，经济复苏时期（2011—2013 年）又提高到 21.8015%，经济新常态时期（2014—2017 年）继续提高到 41.6005%，中国区域经济增长正在由要素驱动、投资驱动转为创新驱动。样本期内各省份经济增长质量具有正的空间相关性，并呈现显著的 HH 型和 LL 型的空间俱乐部现象。

三、关于创新能力对绿色全要素生产率收敛性的影响

鉴于中国区域创新能力存在显著的空间相关性，创新能力高的地区有可能通过人才流动、投资和贸易等方式促进周边地区的技术提升和产业结构调整，进一步优化资源配置，提高周边地区的绿色全要素生产率，缩小相邻区域间的差异，最终促进绿色全要素生产率的收敛，因此，笔者首先检验了绿色全要素生产率收敛的存在性，然后采用递进的方式检验了区域创新能力对其收敛性的影响。结果如下。①如果不考虑空间相关性，采用普通面板模型，那么区域创新能力对绿色全要素生产率的收敛性有一定的影响；但创新能力自身的回归系数不显著，也就是没有显著地促进绿色全要素生产率的增长。②考虑空间相关性，采用空间面板模型后，四大区域各自呈现出更明显的"俱乐部收敛"特征，但除东部地区外，全国及其他地区创新能力的提升没有明显地促进绿色全要素生产率的增长。

四、关于创新能力对绿色全要素生产率的空间溢出效应

前面证实了东部地区的创新能力显著促进了绿色全要素生产率的增长,在此基础上,为了进一步检验东部各省份创新能力对绿色全要素生产率的影响是否存在一定的空间溢出效应,本书第六章使用空间杜宾模型识别了东部各省份创新能力对绿色全要素生产率的直接效应和间接效应,结果显示:东部某省份的创新能力每提升1单位,不仅将促进本省份绿色全要素生产率水平提升17.59%,还将促进相邻省份绿色全要素生产率水平提升6.92%。这充分说明作为全国创新能力较高的地区,东部省份创新能力的提升不仅显著促进了本省份绿色全要素生产率的增长,还通过人才流动、技术扩散等方式显著促进了相邻省份绿色全要素生产率的增长,对经济增长质量的提升有很大作用。

五、关于创新能力对绿色全要素生产率的非线性影响

在前文构建的分析区域创新能力与绿色全要素生产率之间关系的线性回归模型中,除东部地区之外,全国及其他地区创新能力的回归系数都没有通过显著性检验,我们猜测原因可能是创新能力对绿色全要素生产率的影响存在门限效应,因此本书第七章进一步对此进行了实证检验。结果表明,区域创新能力对绿色全要素生产率的影响存在显著的单一门限效应。当区域创新能力得分小于门限值0.3328,即与全国创新能力平均得分相比,不超过0.3328时,创新能力每增加1单位,我国绿色全要素生产率增长速度将提升2.43%,并通过5%水平的显著性检验,这表明创新能力对我国绿色全要素生产率的增长产生了促进作用。而当区域创新能力得分大于门限值0.3328时,创新能力每增加1单位,我国绿色全要素生产率增长速度将提升4.22%,并通过1%水平的显著性检验,这表明区域创新能力超过门限值

之后，对我国绿色全要素生产率的促进作用将更大、更显著。从第三章对区域创新能力的评价得分可知，样本期内，东部地区的创新能力得分均值为0.4942，在门限值之上，所以显著促进了绿色全要素生产率的增长；而其他地区创新能力得分均值都小于0，即低于全国平均水平，因此对绿色全要素生产率的促进作用要小得多，甚至不显著，这就验证了第五章的猜测。

六、关于控制变量的相关分析结论

本书在检验区域创新能力对经济增长质量影响的过程中，还引入了若干控制变量，同样得到了一些有价值的分析结论。比如，考虑空间相关性后，西部和东北地区的产业集聚显著促进了绿色全要素生产率的增长，而东部和中部地区不显著；东部和中部地区的环境规制显著抑制了绿色全要素生产率的增长，而西部和东北地区不显著；除东部地区外，中部、西部、东北地区的政府干预均显著抑制了绿色全要素生产率的增长；东部地区的城镇化发展显著促进了绿色全要素生产率的增长，而东北地区却显著抑制了绿色全要素生产率的增长；东北地区的金融发展显著抑制了绿色全要素生产率的增长，其他地区均不显著；东部地区的能源消费结构显著抑制了绿色全要素生产率的增长，中部地区显著促进了绿色全要素生产率的增长，而其他地区均不显著；东北地区的所有制结构显著抑制了绿色全要素生产率的增长。

第二节　政策启示

基于上述实证分析结论，我们可以得到如下政策启示。

1. 全面落实创新驱动发展战略，增强自主创新能力

首先应切实扭转地方政府"唯GDP"的政绩导向机制，全面落实创新

驱动发展战略。不能为迎合上级而搞形式主义,"为了创业而创业""为了创新而创新",要脚踏实地地培育创新氛围,提高创新能力。应继续完善并落实知识产权法律法规,加大政府对知识产权的保护力度,加重对侵犯知识产权行为的惩罚,让企业创新得到应得的利益和保护,激发企业创新的活力和热情。

其次要改革教育体制。创新本质上是人进行发明创造的过程,而教育是传播知识、培养思辨能力的重要环节,教育的发展关系到一个国家长期的可持续发展。因此,从小学开始,不仅要注重学生对知识的学习,更要加强学生思辨能力和创新能力的培养,按照培养科学技术发明创造人才的模式去办学。要适当调节初中、高中和大学的负担比重,不能让学生为了走过高考这座独木桥而疲于死记硬背,不能让应试教育磨灭了学生对科学的好奇心。另外,要调整高等教育与职业教育的比重,高校不能为了扩招而扩招,必须在保证大学生素质的情况下扩招,提高高等教育质量和大学生的创新与实践能力。还可适当加大职业教育的招生力度,提高社会在职从业人员的整体素质。

此外,应调节收入分配制度,改革科研管理体制,完善创新激励机制。应着力提高高校、科研院所以及高技术产业中科研人员、技术人员的收入水平,让他们安心搞科研;要不断完善科研管理体制和对创新成果的评价机制,变革"唯论文"的人才评价体系,鼓励"把论文写在祖国大地上";还应该完善科研经费管理体制,切实提高科研经费的使用效率和创新成果的转化率。随着创新能力的不断提高,其对绿色全要素生产率的促进作用势必会显现出来。

2. 鼓励人才流动,鼓励团队合作和跨地区协同创新,提升创新能力的空间溢出效应

首先,鉴于东部地区的创新能力最高,创新的溢出效应已经显现出来,为了更好地发挥创新的溢出效应,应鼓励东部和其他地区开展创新合作,通过东部地区的创新溢出效应带动其他地区绿色全要素生产率和经济增长质量的提升。具体来说，可通过搭建区域间创新成果交流平台，促进创新成果在区域间传播和分享；还可通过区域政策促进区域间产学研协作，打破地域限制，促进科研成果产业化，提高科研成果转化率。

其次，应疏通创新扩散通道，促进创新扩散。具体来说，可通过户籍制度改革和人才引进政策，为人才流动创造更为宽松的条件，让背井离乡的高校毕业生愿意回家乡工作，让寒窗苦读的莘莘学子有更多选择的权利，从而通过人才流动带动知识流动，带来技术创新的扩散；也可通过鼓励跨区域投资和贸易，尤其是鼓励面向中西部及东北地区的投资和贸易，将技术含量高的产品流通到不发达地区，促进其技术进步和创新；还可通过继续完善区域间交通运输通道和信息基础设施，为创新交流和资源共享奠定基础，进一步促进技术扩散。

最后，政府应规范技术交易市场，降低技术交易市场的信息不对称性，以市场供求为导向，提高技术交易市场的资源配置效率。可根据不同区域创新能力的高低采取不同的知识产权保护力度，在创新能力低的区域实施较宽松的知识产权保护政策，降低技术交易成本，吸引技术流入，促进创新的空间溢出，而在创新能力高的区域实施较严格的知识产权保护政策，激励企业进行技术创新，并给予创新企业在短期内垄断新产品的权利，保护创新成果。

3. 其他政策启示

基于控制变量的相关分析结论，我们还可以得到以下政策启示。

（1）促进制造业高质量集聚，减少拥挤效应。前文的实证分析表明，西部和东北地区的产业集聚显著促进了绿色全要素生产率的增长，而东部和中部地区不显著。因此，在高质量发展时期，一方面可适当提高落后的西部和东北地区制造业的集聚水平，促进技术在企业间扩散，激发产业集聚的技术溢出效应，促进绿色全要素生产率提升；另一方面，要避免东部和中部地区

创新能力与区域经济增长质量

制造业过度集聚，降低污染物排放量，减少对生态环境的破坏，促进绿色全要素生产率和经济增长质量增长。

（2）调整环境规制强度，降低负面影响。前文的实证分析表明，东部和中部地区的环境规制显著抑制了绿色全要素生产率的增长，而西部和东北地区不显著。这启示我们，环境保护工作不能搞"一刀切"，应根据不同地区的资源禀赋和产业特征，确定适宜的环境规制力度，在改善环境质量的同时，尽量降低对经济增长的负面影响。

（3）减少政府干预，激发市场活力。前文的实证分析表明，部分地区的政府干预显著抑制了绿色全要素生产率的增长。这启示我们，虽然市场不是万能的，政府干预是不可缺少的，但是政府在使用宏观经济政策时，要把握好政策的力度，力度太小，解决不了市场问题，力度太大，会引起市场动荡，导致资源的无效配置。

（4）提升城镇化水平，缩小城乡差距。前文的实证分析表明，只有东部地区的城镇化发展显著促进了绿色全要素生产率的增长，其他地区均不显著。这启示我们，在城镇化进程中应注意城镇化的速度要与质量相匹配，真正做到以人为本，只有这样才能将城镇化发展对绿色全要素生产率的促进作用发挥出来。

（5）深化金融发展，提高金融效率。前文的实证分析表明，考虑空间相关性后，各地区的金融发展对绿色全要素生产率增长的促进作用不明显，甚至东北地区还显著抑制了绿色全要素生产率的增长。这启示我们，应继续深化金融发展，尤其是中西部和东北地区，应通过拓宽企业融资渠道，提高金融资源的配置效率。同时，应注意金融一体化发展对落后地区带来的负面影响。

（6）调整能源消费结构，大力发展清洁能源。前文的实证分析表明，东部地区的能源消费结构显著抑制了绿色全要素生产率的增长，而其他地区均不显著。这启示我们，应继续调整能源消费结构，大力发展清洁能源，改变以煤炭消费为主的状况，减少污染物排放，只有这样才能提高绿色全要素生产率。

（7）深化国有企业改革，优化资源配置。前文的实证分析表明，部分地区的所有制结构抑制了绿色全要素生产率的增长。这启示我们，应继续深化国有企业改革，激发国有企业的创新动力，充分发挥国有企业的资本、人力优势，提升国有企业的活力和竞争力。

附 录

表1 各省份创新能力得分（2000—2017年）

省份	2000年	2001年	2002年	2003年	2004年	2005年	2006年	2007年	2008年
北京	1.0533	1.0655	1.2388	1.3701	1.4645	1.4591	1.5372	1.8198	1.9364
天津	0.0919	0.1481	0.2194	0.2875	0.4025	0.4760	0.5199	0.5747	0.6500
河北	−0.5800	−0.5567	−0.5257	−0.4427	−0.4294	−0.4390	−0.4385	−0.3893	−0.3669
山西	−0.7684	−0.7327	−0.6818	−0.6463	−0.6339	−0.6095	−0.5597	−0.4623	−0.3879
内蒙古	−0.6825	−0.6476	−0.6208	−0.6115	−0.5829	−0.5558	−0.5188	−0.4118	−0.3609
辽宁	−0.3946	−0.3642	−0.2782	−0.2313	−0.2017	−0.1958	−0.1423	−0.0804	−0.0160
吉林	−0.4867	−0.4371	−0.3758	−0.3844	−0.3271	−0.3649	−0.3061	−0.2839	−0.2089
黑龙江	−0.5027	−0.4609	−0.4206	−0.3361	−0.3669	−0.3490	−0.3314	−0.2191	−0.1862
上海	0.2701	0.3920	0.5006	0.7058	0.8274	0.9510	1.0956	1.3848	1.4100
江苏	−0.3734	−0.3603	−0.2846	−0.1478	−0.0248	−0.0440	0.0525	0.1869	0.3086
浙江	−0.3532	−0.2947	−0.2293	−0.1055	0.0004	−0.0347	0.1047	0.2130	0.3003
安徽	−0.6502	−0.6174	−0.5643	−0.4743	−0.5338	−0.4665	−0.4386	−0.3646	−0.3605
福建	−0.3971	−0.3862	−0.3304	−0.2711	−0.2717	−0.2312	−0.1800	−0.1082	−0.0702
江西	−0.6308	−0.5940	−0.5695	−0.5468	−0.5335	−0.4986	−0.4593	−0.3835	−0.3551
山东	−0.4746	−0.4729	−0.4041	−0.3705	−0.3361	−0.3237	−0.2577	−0.1959	−0.1112

续表

省份	2000年	2001年	2002年	2003年	2004年	2005年	2006年	2007年	2008年
河南	-0.6471	-0.6381	-0.5945	-0.5901	-0.5772	-0.5528	-0.4848	-0.4318	-0.4011
湖北	-0.4992	-0.5127	-0.4777	-0.4624	-0.4276	-0.3872	-0.3380	-0.2939	-0.2336
湖南	-0.6491	-0.6134	-0.5588	-0.5555	-0.4949	-0.4963	-0.4293	-0.4100	-0.3586
广东	-0.1183	-0.0679	0.0502	0.1929	0.2541	0.2312	0.2979	0.4107	0.4647
广西	-0.8224	-0.7778	-0.7293	-0.7501	-0.7008	-0.6902	-0.6260	-0.5806	-0.5501
海南	-0.6361	-0.5642	-0.6156	-0.5114	-0.4918	-0.4983	-0.4271	-0.3855	-0.2989
重庆	-0.6893	-0.6465	-0.5106	-0.4805	-0.4615	-0.4814	-0.3897	-0.3161	-0.2610
四川	-0.6571	-0.6293	-0.5810	-0.4953	-0.4967	-0.5055	-0.4297	-0.3825	-0.3550
贵州	-0.9976	-0.9374	-0.8467	-0.7842	-0.7219	-0.6872	-0.6302	-0.5595	-0.5112
云南	-0.5679	-0.5382	-0.5252	-0.5344	-0.5208	-0.5559	-0.5435	-0.4357	-0.4518
陕西	-0.3740	-0.3600	-0.2520	-0.2071	-0.1697	-0.1966	-0.1824	-0.1570	-0.1066
甘肃	-0.6757	-0.6959	-0.6344	-0.5743	-0.5360	-0.5000	-0.4591	-0.4142	-0.3622
青海	-0.6680	-0.6197	-0.5876	-0.5199	-0.5510	-0.5825	-0.5066	-0.4038	-0.4012
宁夏	-0.8684	-0.6587	-0.5876	-0.6825	-0.5493	-0.6893	-0.6248	-0.4912	-0.4079
新疆	-0.5934	-0.5544	-0.5268	-0.4613	-0.4237	-0.3492	-0.3867	-0.3279	-0.2700

省份	2009年	2010年	2011年	2012年	2013年	2014年	2015年	2016年	2017年
北京	2.0366	2.2283	2.3114	2.5837	2.8355	2.9711	3.1131	3.3419	3.4867
天津	0.6153	0.7372	0.8765	1.0715	1.2506	1.4107	1.5412	1.6974	1.8087
河北	-0.3159	-0.2723	-0.2508	-0.1706	-0.0970	-0.0399	0.0286	0.1008	0.1685
山西	-0.3465	-0.2669	-0.2548	-0.1596	-0.0812	-0.0785	0.0006	0.0432	0.0533
内蒙古	-0.2834	-0.2058	-0.1696	-0.0843	-0.0412	0.0302	0.0822	0.1490	0.1815
辽宁	0.0522	0.1274	0.1786	0.2725	0.3339	0.3463	0.3554	0.3328	0.3785
吉林	-0.1454	-0.1020	-0.0930	-0.0053	0.0601	0.1255	0.1717	0.2342	0.3058
黑龙江	-0.0979	-0.1042	-0.0869	0.0321	0.0854	0.0861	0.1504	0.2374	0.2892

续表

省份	2009年	2010年	2011年	2012年	2013年	2014年	2015年	2016年	2017年
上海	1.5915	1.6158	1.6226	1.7111	1.8034	1.8314	1.9025	2.0172	2.1827
江苏	0.4264	0.6308	0.8342	1.0774	1.1534	1.1516	1.2640	1.3204	1.4113
浙江	0.3942	0.5098	0.6207	0.8495	0.9460	0.9600	1.1234	1.2049	1.2414
安徽	−0.3264	−0.2256	−0.1266	−0.0037	0.0551	0.1159	0.1990	0.3135	0.3265
福建	−0.0125	0.0802	0.1428	0.2218	0.2985	0.3550	0.4819	0.5565	0.6378
江西	−0.3240	−0.2696	−0.2430	−0.1745	−0.1072	−0.0531	0.0605	0.1228	0.1896
山东	−0.0494	0.0391	0.1268	0.2421	0.3419	0.3592	0.4757	0.5136	0.5817
河南	−0.3485	−0.2998	−0.2456	−0.1691	−0.1000	−0.0396	0.0223	0.0687	0.1450
湖北	−0.1676	−0.1172	−0.0721	0.0355	0.1215	0.2123	0.3337	0.4127	0.5231
湖南	−0.2918	−0.2653	−0.1788	−0.1024	−0.0325	0.0303	0.1163	0.1452	0.2447
广东	0.5049	0.6370	0.6925	0.7959	0.8890	0.8894	1.0501	1.1670	1.3243
广西	−0.4709	−0.3938	−0.3122	−0.2614	−0.2065	−0.1594	−0.0915	−0.0437	0.0185
海南	−0.1997	−0.2027	−0.1628	−0.0930	−0.0194	0.0066	0.0321	0.0881	0.1530
重庆	−0.2093	−0.0938	−0.0254	0.0945	0.1767	0.2792	0.4044	0.4943	0.5228
四川	−0.2968	−0.2338	−0.1804	−0.0672	−0.0100	0.0421	0.1457	0.1562	0.2066
贵州	−0.4808	−0.3958	−0.3798	−0.2884	−0.2153	−0.1759	−0.0926	−0.0618	0.0479
云南	−0.4180	−0.3633	−0.2941	−0.2386	−0.2015	−0.1649	−0.1258	−0.1038	−0.0233
陕西	−0.0528	0.0184	0.0822	0.2159	0.3661	0.4762	0.5511	0.6493	0.6748
甘肃	−0.3288	−0.2667	−0.2641	−0.1889	−0.1231	−0.0540	0.0176	0.0904	0.1146
青海	−0.2537	−0.2337	−0.1614	−0.0949	−0.1085	−0.0551	0.0059	0.1353	0.1838
宁夏	−0.3944	−0.3122	−0.3233	−0.2582	−0.1834	−0.1303	−0.0404	0.0430	0.1369
新疆	−0.2907	−0.2374	−0.1538	−0.1474	−0.0924	−0.0596	0.0245	0.0429	0.1488

参考文献

［1］阿姆斯特朗，泰勒.区域经济学与区域政策［M］.刘乃全，贾彦利，张学良，译.上海：上海人民出版社，2007：53-73.

［2］白俊红，蒋伏心.协同创新、空间关联与区域创新绩效［J］.经济研究，2015（7）：174-187.

［3］白俊红，王林东.创新驱动是否促进了经济增长质量的提升？［J］.科学学研究，2016，34（11）：1725-1735.

［4］白俊红，王钺，蒋伏心，等.研发要素流动、空间知识溢出与经济增长［J］.经济研究，2017（7）：109-123.

［5］白雪梅，赵松山.对主成分分析综合评价方法若干问题的探讨［J］.统计研究，1995（6）：47-51.

［6］卞元超，白俊红.区域创新系统研究进展：基于系统内部主体之间以及系统之间关系的视角［J］.中国科技论坛，2015（10）：94-99.

［7］别朝霞.国际技术扩散的度量、途径及阻碍：一个文献综述［J］.经济评论，2011（5）：152-161.

［8］曹勇，秦以旭.中国区域创新能力差异变动实证分析［J］.中国人口·资源与环境，2012，22（3）：164-169.

［9］曹钰华，李晶.放任还是干预？新常态下区域创新系统中政府角色定位策略研究［J］.科技进步与对策，2018（9）：38-47.

［10］常晓然，周全，吴晓波.我国54个城市的创新效率比较研究：基于包

含非期望产出的 SBM-NDEA 模型［J］.管理工程学报,2016,30（1）：9-18.

［11］常修泽.创新立国战略［M］.北京：学习出版社,2013：227-255.

［12］常修泽.广义产权论：中国广领域多权能产权制度研究［M］.北京：中国经济出版社,2009：17-25.

［13］钞小静,惠康.中国经济增长质量的测度［J］.数量经济技术经济研究,2009（6）：76-87.

［14］钞小静,任保平.中国的经济转型与经济增长质量：基于 TFP 贡献的考察［J］.当代经济科学,2008（4）：29-35.

［15］钞小静,任保平.中国经济增长质量的时序变化与地区差异分析［J］.经济研究,2011（4）：27-41.

［16］陈宝明,丁明磊.中美科技创新政策走向及对经济增长潜力的影响［J］.中国经济学人（英文版）,2017,12（4）：32-47.

［17］陈得文,苗建军.人力资本集聚、空间溢出与区域经济增长——基于空间过滤模型分析［J］.产业经济研究,2012（4）：58-66.

［18］陈菡彬,柴宏蕊,辛灵.产业结构高级化对能源消耗的非线性影响［J］.统计与决策,2019（13）：144-146.

［19］陈景帅,张东玲,马翩翩.科技创新、空间溢出与实体经济增长——基于山东空间杜宾模型经验分析［J］.科技与经济,2018（6）：45-49.

［20］陈明华,仲崇阳,张晓萌.城市群绿色 TFP 增长的空间协同性测度及经济政策选择［J］.宏观经济研究,2018（2）：126-139.

［21］陈诗一.中国的绿色工业革命：基于环境全要素生产率视角的解释（1980—2008）［J］.经济研究,2010（11）：23-36.

［22］陈文新,潘宇,马磊.交通基础设施、空间溢出与全要素生产率——基于丝绸之路经济带面板数据的空间计量分析［J］.工业技术经济,2017（10）：22-30.

［23］陈云娟.企业家精神与民营企业创新动力机制研究——以浙商为例

[J].经济纵横,2010(4):63-66.

[24] 成刚.数据包络分析方法与MaxDEA软件[M].北京:知识产权出版社,2014:203-205.

[25] 程开明,章雅婷.中国城市创新空间溢出效应测度及分解[J].科研管理,2018,39(12):86-93.

[26] 程文,张建华.收入水平、收入差距与自主创新——兼论"中等收入陷阱"的形成与跨越[J].经济研究,2018(4):47-62.

[27] 程郁,陈雪.创新驱动的经济增长——高新区全要素生产率增长的分解[J].中国软科学,2013(11):26-39.

[28] 楚尔鸣,马永军.区域经济增长质量的动态变化及收敛性检验——基于全要素生产率增长率的分析[J].湘潭大学学报(哲学社会科学版),2014(1):25-30.

[29] 崔蓉,费锦华,孙亚男.中国省际绿色创新生产率的变动及其空间溢出效应研究[J].宏观经济研究,2019(6):132-145.

[30] 邓恒进.区域创新系统运行研究——"四三结构"模型及应用[D].武汉:武汉理工大学,2010:32-55.

[31] 董会忠,刘帅,刘明睿,等.创新质量对绿色全要素生产率影响的异质性研究——环境规制的动态门槛效应[J].科技进步与对策,2019(3):43-50.

[32] 董昕,刘燕,代斌.金融发展、产业集聚与全要素生产率增长——基于非参数DEA方法和面板门限模型估计[J].金融纵横,2015(11):80-86.

[33] 法格博格,莫利,纳尔逊.牛津创新手册[M].柳卸林,郑刚,蔺雷,等译.北京:知识产权出版社,2009:148-168.

[34] 范家骧,高天虹.罗斯托经济成长理论(上)[J].经济纵横,1988(9):59-64.

[35] 冯宗宪,王青,侯晓辉.政府投入、市场化程度与中国工业企业的技

术创新效率［J］.数量经济技术经济研究,2011（4）:3-17.

［36］付智.江西区域创新能力研究［D］.南昌:南昌大学,2012:28-49.

［37］傅家骥.技术创新学［M］.北京:清华大学出版社,1998:365-366.

［38］高峰.发达国家"后工业化"一定时期生产率增长率下降之谜［J］.当代经济研究,2006（1）:1-6.

［39］高晓霞,芮雪琴,宋燕.中国省市区域创新能力动态研究——基于2001—2010年面板数据［J］.科技管理研究,2014（2）:15-19.

［40］葛方艺.我国创新效率对区域经济增长收敛性的影响研究［D］.郑州:郑州航空工业管理学院,2019:31-53.

［41］葛鹏飞,黄秀路,韩先锋.创新驱动与"一带一路"绿色全要素生产率提升——基于新经济增长模型的异质性创新分析［J］.经济科学,2018（1）:37-51.

［42］关伟,许淑婷.中国能源生态效率的空间格局与空间效应［J］.地理学报,2015,70（6）:980-992.

［43］呙世俊.长江经济带绿色全要素生产率的空间分布及影响因素研究——基于空间计量分析［D］.天津:天津商业大学,2018:43-62.

［44］郭峰,杜英,窦学诚.甘肃省经济增长质量与科技进步的实证分析［J］.科技管理研究,2013（12）:75-78.

［45］郭晗,任保平.中国区域结构转换的增长效应:要素流动与技术扩散［J］.经济问题探索,2017（12）:15-22.

［46］郭启光.环渤海区域新旧动能转换的实证研究——基于绿色全要素生产率提升视角［J］.前沿,2019（1）:60-67.

［47］郭雯,刘爱,王胜光.创新驱动的市场形成与需求侧政策［J］.中国科学院院刊,2015,30（5）:626-631.

［48］韩晶.我国经济绿色发展的桎梏与路径［J］.中国国情国力,2016（12）:38-41.

［49］何雄浪,郑长德,杨霞.空间相关性与我国区域经济增长动态收敛的

理论与实证分析——基于1953—2010年面板数据的经验证据［J］.财经研究，2013（7）：83-96.

［50］何玉梅，罗巧.环境规制、技术创新与工业全要素生产率——对"强波特假说"的再检验［J］.软科学，2018，32（4）：20-25.

［51］洪银兴.论创新驱动经济发展战略［J］.经济学家，2013（1）：7-13.

［52］洪银兴.论经济增长方式转变的基本内涵［J］.管理世界，1999（4）：15-22.

［53］胡晓琳.中国省际环境全要素生产率测算、收敛及其影响因素研究［D］.南昌：江西财经大学，2016：33-105.

［54］胡晓珍.中国海洋经济绿色全要素生产率区域增长差异及收敛性分析［J］.统计与决策，2018（17）：137-140.

［55］胡志坚，苏靖.区域创新系统理论的提出与发展［J］.中国科技论坛，1999（6）：21-24.

［56］黄飞，曹家和.基于空间权重矩阵变化下Moran's I检验研究［J］.统计与决策，2014（20）：8-12.

［57］黄鲁成.关于区域创新系统研究内容的探讨［J］.科研管理，2000（2）：44-49.

［58］黄鲁成.区域技术创新生态系统的特征［J］.中国科技论坛，2003（1）：23-26.

［59］黄志勇.研发、FDI和国际贸易对创新能力的影响——基于中国行业数据的实证分析［J］.产业经济研究，2013（3）：88-94.

［60］贾鑫晶，赵建军.山东省创新能力时空演化及其对经济增长的空间溢出效应分析［J］.青岛农业大学学报（社会科学版），2019，31（1）：41-47.

［61］蒋开东，俞立平，霍妍.企业自主研发与协同创新绩效比较研究——基于面板数据与非期望产出效率的分析［J］.软科学，2015，29（2）：68-71.

[62] 卡马耶夫.经济增长的速度和质量［M］.陈华山，左东官，何剑，等译.武汉：湖北人民出版社，1983：10-37.

[63] 康凯.技术创新扩散与模型［M］.天津：天津大学出版社，2004：15-32.

[64] 赖永剑.地区劳动生产率差异分解与条件收敛——基于产业经济的结构分析［J］.产经评论，2011（1）：131-139.

[65] 李丹丹.中国经济增长收敛性研究综述［J］.商业经济研究，2016(20)：130-133.

[66] 李光龙，范贤贤.产业集聚、外商直接投资与绿色全要素生产率［J］.南京财经大学学报，2019（5）：1-10.

[67] 李广析，梅林海.金融发展对全要素生产率的直接效应与溢出效应的研究——基于空间溢出的视角［J］.贵州财经大学学报，2017（5）：41-49.

[68] 李国璋，刘津汝.自主创新、FDI技术溢出与全要素生产率互动关系研究［J］.统计与决策，2011（6）：89-91.

[69] 李建平，李闽榕，赵新力.世界创新竞争力发展报告（2011~2017）［M］.北京：社会科学文献出版社，2018：21-29.

[70] 李健，付军明，卫平.FDI溢出、人力资本门槛与区域创新能力——基于中国省际面板数据的实证研究［J］.贵州财经大学学报，2016（1）：10-18.

[71] 李金昌，史龙梅，徐霭婷.高质量发展评价指标体系探讨［J］.统计研究，2019，36（1）：4-14.

[72] 李婧，谭清美，白俊红，等.中国区域创新效率的随机前沿模型分析［J］.系统工程，2009（8）：48-54.

[73] 李君，吴学花.市场激励型环境规制与绿色全要素生产率研究［J］.合作经济与科技，2019（3）：138-140.

[74] 李俊，徐晋涛.省际绿色全要素生产率增长趋势的分析——一种非参

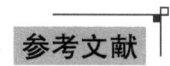

数方法的应用［J］.北京林业大学学报（社会科学版），2009（4）：147-154.

［75］李俊霖.经济增长质量的内涵与评价［J］.生产力研究，2007（15）：13-14.

［76］李玲，陶锋，杨亚平.中国工业增长质量的区域差异研究——基于绿色全要素生产率的收敛分析［J］.经济经纬，2013（4）：16-21.

［77］李平，付一夫，张艳芳.生产性服务业能成为中国经济高质量增长新动能吗［J］.中国工业经济，2017（12）：7-23.

［78］李平，黎艳.科技基础设施对技术创新的贡献度研究——基于中国地区面板数据的实证分析［J］.研究与发展管理，2013，25（6）：92-102.

［79］李平，田朔.市场需求对技术创新的门限特征分析［J］.经济问题探索，2014（10）：18-25.

［80］李平.环境技术效率、绿色生产率与可持续发展：长三角与珠三角城市群的比较［J］.数量经济技术经济研究，2017（11）：3-23.

［81］李强，韦薇.长江经济带经济增长质量与生态环境优化耦合协调度研究［J］.软科学，2019，33（5）：117-122.

［82］李卫兵，涂蕾.中国城市绿色全要素生产率的空间差异与收敛性分析［J］.城市问题，2017（9）：55-63.

［83］李习保.中国区域创新能力变迁的实证分析：基于创新系统的观点［J］.管理世界，2007（12）：24-36.

［84］李晓娣，陈家婷.FDI对区域创新系统演化的驱动路径研究——基于结构方程模型的分析［J］.科学学与科学技术管理，2014（8）：41-50.

［85］李胭胭，鲁丰先.河南省经济增长质量的时空格局［J］.经济地理，2016（3）：43-49.

［86］李言，高波，雷红.中国地区要素生产率的变迁：1978～2016［J］.数量经济技术经济研究，2018，35（10）：21-39.

[87] 李永忠, 冯俊文, 高朋. 区域创新能力及其评价综述研究[J]. 技术经济, 2007 (12): 28-31.

[88] 李志宏. 从经济收敛假说看增长理论[J]. 江淮论坛, 2005 (2): 5-10.

[89] 李志华, 王文倩, 王凤祥. 环境规制、民间投资与绿色全要素生产率[J]. 湖北经济学院学报, 2019 (1): 41-46.

[90] 李子彪, 唐鑫. 区域创新系统的内涵与测度——河北工业大学博士生导师李子彪教授访谈[J]. 社会科学家, 2018 (9): 4-8.

[91] 李子彪. 创新极及多创新极共生演化模型研究[D]. 天津: 河北工业大学, 2007: 25-36.

[92] 梁双陆, 梁巧玲. 交通基础设施的产业创新效应研究——基于中国省域空间面板模型的分析[J]. 山西财经大学学报, 2016, 38 (7): 60-72.

[93] 梁喜, 李思遥. 交通基础设施对绿色全要素生产率增长的空间溢出效应研究[J]. 西部论坛, 2018, 28 (3): 33-41.

[94] 梁泳梅, 董敏杰. 中国经济增长来源: 基于非参数核算方法的分析[J]. 世界经济, 2015 (11): 29-52.

[95] 廖筠, 赵真真. 中国经济增长质量的区域比较研究[J]. 北京工商大学学报（社会科学版）, 2015 (4): 122-130.

[96] 林迎星. 民营企业自主创新能力评价: 框架与实例[J]. 福建论坛（人文社会科学版）, 2006 (6): 19-22.

[97] 刘和东. 区域创新内溢、外溢与空间溢出效应的实证研究[J]. 科研管理, 2013, 34 (1): 28-36.

[98] 刘华军, 李超. 中国绿色全要素生产率的地区差距及其结构分解[J]. 上海经济研究, 2018 (6): 35-47.

[99] 刘建国, 张文忠. 中国区域全要素生产率的空间溢出关联效应研究[J]. 地理科学, 2014 (5): 522-530.

[100] 刘俊辉, 曾福生. "一带一路" 沿线国家绿色全要素生产率测算与收

敛性研究——基于沿线 47 个国家面板数据分析［J］.科技与经济，2018（5）：15-19.

［101］刘木平，舒元.我国地区经济的收敛与增长决定力量：1978～1997［J］.中山大学学报（社会科学版），2000（5）：12-17.

［102］刘瑞翔.探寻中国经济增长源泉：要素投入、生产率与环境消耗［J］.世界经济，2013，36（10）：123-141.

［103］刘思明，侯鹏，赵彦云.知识产权保护与中国工业创新能力——来自省级大中型工业企业面板数据的实证研究［J］.数量经济技术经济研究，2015（3）：40-57.

［104］刘伟明，唐东波.环境规制、技术效率和全要素生产率增长［J］.产业经济研究（双月刊），2012（5）：28-35.

［105］刘文革，周文召，仲深，等.金融发展中的政府干预、资本化进程与经济增长质量［J］.经济学家，2014（3）：66-75.

［106］刘晓洁，刘洪.中国省际绿色全要素生产率研究及收敛性分析［J］.武汉理工大学学报（信息与管理工程版），2018，40（3）：305-309.

［107］刘亚建.我国经济增长效率分析［J］.思想战线，2002（4）：33-36.

［108］刘志彪.从后发到先发：关于实施创新驱动战略的理论思考［J］.产业经济研究，2011（4）：5-11.

［109］柳剑平，龚兆鋆，程时雄.中国不同地区环境全要素生产率增长及收敛分析［J］.学习与实践，2016（10）：6-16.

［110］柳卸林.技术创新经济学［M］.北京：清华大学出版社，2014：14-25.

［111］柳卸林.中国区域创新能力的分布［J］.铁路技术创新，2003（3）：35.

［112］龙海雯，施本植."一带一路"视角下我国区域创新系统的演化与策略研究［J］.科学管理研究，2016（1）：69-72.

［113］陆静超.经济增长理论的沿革与创新——评新古典增长理论与新增长

理论[J].哈尔滨工业大学学报(社会科学版),2004(5):99-103.

[114] 吕大国,耿强.出口贸易与中国全要素生产率增长——基于二元外贸结构的视角[J].世界经济研究,2015(4):72-79.

[115] 吕可文,李晓飞,赵黎晨.中部六省区域创新能力的评价与分析[J].区域经济评论,2017(2):101-108.

[116] 吕拉昌.创新地理学[M].北京:科学出版社,2017:90-110.

[117] 吕昭河,徐双丽,张凤云.出口需求变动、创新活动对中国出口企业国际市场势力的影响研究[J].贵州财经大学学报,2019(6):1-15.

[118] 吕忠伟,李峻浩.R&D空间溢出对区域经济增长的作用研究[J].统计研究,2008(3):29-36.

[119] 马建新,申世军.中国经济增长质量问题的初步研究[J].财经问题研究,2007(3):20-25.

[120] 马立军,何萍.出口贸易、人力资本与中国全要素生产率——基于GMM估计的经验分析[J].贵州财经大学学报,2013(6):17-21.

[121] 马拴友,于红霞.转移支付与地区经济收敛[J].经济研究,2003(3):26-33.

[122] 马轶群,史安娜.金融发展对中国经济增长质量的影响研究——基于VAR模型的实证分析[J].国际金融研究,2012(11):32-41.

[123] 马永红,苏鑫,赵越.区域创新系统协同演化机制与优化设计研究[J].运筹与管理,2018(12):51-60.

[124] 梅国平,甘敬义,朱清贞.资源环境约束下我国全要素生产率研究[J].当代财经,2014(7):13-20.

[125] 苗敬毅,闫绪娴.中国省域全要素生产率测度中的门限效应研究[J].山西财经大学学报,2014,36(10):11-23.

[126] 倪艳,秦臻.绿色GDP绩效考核的实践探索与思考[J].经济研究导刊,2019(25):11-13.

[127] 潘雄锋,艾博薇,明杨.中国区域间技术创新的空间溢出效应研究

[J].运筹与管理,2019(7):122-128.

[128]庞瑞芝,范玉,李扬.中国科技创新支撑经济发展了吗?[J].数量经济技术经济研究,2014(10):37-52.

[129]彭德芬.经济增长质量研究[M].武汉:华东师范大学出版社,2002:11-63.

[130]彭国华.我国地区经济的"俱乐部"收敛性[J].数量经济技术经济研究,2008(12):50-58.

[131]彭国华.中国地区收入差距、全要素生产率及其收敛分析[J].经济研究,2005(9):19-29.

[132]彭浩.长江经济带省域绿色全要素生产率测度及影响因素分析[D].重庆:重庆工商大学,2017:36-59.

[133]彭玉冰,白国红.谈企业技术创新与政府行为[J].经济问题,1999(7):35-36.

[134]任保平,郭晗.新常态下提高我国经济增长质量的路径选择与改革取向[J].天津社会科学,2015(5):86-92.

[135]任保平.经济增长质量:经济增长理论框架的扩展[J].经济学动态,2013(11):47-53.

[136]任保平.经济增长质量:理论阐释、基本命题与伦理原则[J].学术月刊,2012(2):65-72.

[137]任保平.新时代中国经济从高速增长转向高质量发展:理论阐释与实践取向[J].学术月刊,2018(3):68-76.

[138]任保平.以创新驱动提高中国经济增长的质量和效益[J].黑龙江社会科学,2013(4):51-55.

[139]任阳军,汪传旭,李伯棠,等.产业集聚对中国绿色全要素生产率的影响[J].系统工程,2019,37(5):31-40.

[140]茹少峰,雷振宇.我国城市雾霾天气治理中的经济发展方式转变[J].西北大学学报(哲学社会科学版),2014(2):92-95.

[141] 邵宜航, 张朝阳, 刘雅楠, 等. 社会分层结构与创新驱动的经济增长 [J]. 经济研究, 2018（5）: 42-55.

[142] 沈坤荣, 马俊. 中国经济增长的"俱乐部收敛"特征及其成因研究 [J]. 经济研究, 2002（1）: 33-39.

[143] 沈云霞. 论传统文化教育在高校创新人才培养中的价值及实现途径 [J]. 教育理论与实践, 2019, 39（12）: 9-11.

[144] 师萍, 韩先锋. 研发创新全要素生产率的空间趋同分析 [J]. 财经科学, 2011（6）: 44-51.

[145] 史学贵, 施洁. 中国区域经济收敛性的再估计——基于技术溢出的空间动态面板数据模型 [J]. 科技管理研究, 2015（6）: 218-222.

[146] 舒扬, 孔凡邦. 内生视角下环境规制、产业集聚与城市绿色全要素生产率——以长江经济带城市为例 [J]. 工业技术经济, 2019, 38（10）: 49-57.

[147] 舒元, 才国伟. 我国省际技术进步及其空间扩散分析 [J]. 经济研究, 2007（6）: 107-119.

[148] 司晓宏. 文化、教育与民族创新——兼析近代以来中华民族创造力衰微的原因 [J]. 教育理论与实践, 2001（8）: 1-4.

[149] 斯密. 关于法律、警察、岁入及军备的演讲 [M]. 陈福生, 陈振骅, 译. 北京: 商务印书馆, 1982: 11-23.

[150] 宋旭光, 赵雨涵. 中国区域创新空间关联及其影响因素研究 [J]. 数量经济技术经济研究, 2018（7）: 22-40.

[151] 苏屹, 林周周. 区域创新活动的空间效应及影响因素研究 [J]. 数量经济技术经济研究, 2017（11）: 63-80.

[152] 随洪光, 刘廷华. FDI是否提升了发展中东道国的经济增长质量——来自亚太、非洲和拉美地区的经验证据 [J]. 数量经济技术经济研究, 2014（11）: 4-21.

[153] 孙东. 我国区域创新的效率及影响因素研究 [D]. 南京: 南京大学,

2015：23-43.

[154] 孙早，徐远华.信息基础设施建设能提高中国高技术产业的创新效率吗？——基于2002—2013年高技术17个细分行业面板数据的经验分析［J］.南开经济研究，2018（2）：72-92.

[155] 唐国华.企业家精神、产品创新与内生经济增长——理论模型和基于中国数据的经验研究［J］.经济问题，2014（3）：11-16.

[156] 陶长琪，彭永樟.从要素驱动到创新驱动：制度质量视角下的经济增长动力转换与路径选择［J］.数量经济技术经济研究，2018（7）：3-21.

[157] 涂正革.全要素生产率与区域经济增长的动力——基于对1995—2004年28个省市大中型工业的非参数生产前沿分析［J］.南开经济研究，2007（4）：14-36.

[158] 托马斯.增长的质量［M］.《增长的质量》翻译组，译.北京：中国财政经济出版社，2001：56-63.

[159] 宛群超，袁凌.空间集聚、企业家精神与区域创新效率［J］.软科学，2019，33（8）：32-38.

[160] 万伦来，朱琴.R&D投入对工业绿色全要素生产率增长的影响——来自中国工业1999—2010年的经验数据［J］.经济学动态，2013（9）：20-26.

[161] 汪涛，丁雪，杜根旺.国内外区域创新能力研究综述与未来展望［J］.技术经济，2014，33（9）：43-48.

[162] 王斌，陈璋，马英才，等.技术创新与转变经济发展方式的互动关系——基于全要素生产率的视角［J］.生产力研究，2012（6）：88-93.

[163] 王兵，吴延瑞，颜鹏飞.中国区域环境效率与环境全要素生产率增长［J］.经济研究，2010，45（5）：95-109.

[164] 王超，蒋萍，孙茜.研发投入对省域创新绩效的影响分析——基于空间面板数据的估计［J］.太原理工大学学报（社会科学版），2017，

35（5）：42-49.

[165] 王海兵.创新驱动与现代产业发展体系——基于我国省际面板数据的实证分析［J］.经济学（季刊），2016，15（4）：1351-1386.

[166] 王积业.关于提高经济增长质量的宏观思考［J］.宏观经济研究，2000（1）：10-16.

[167] 王家庭.科技创新、空间溢出与区域经济增长：基于30省区数据的实证研究［J］.当代经济管理，2012，34（11）：55-60.

[168] 王凯，邹晓东.由国家创新系统到区域创新生态系统——产学协同创新研究的新视域［J］.自然辩证法研究，2016（9）：99-103.

[169] 王亮.经济增长收敛假说的存在性检验与形成机制研究［D］.长春：吉林大学，2010：30-52.

[170] 王鹏，曾坤.创新环境因素对区域创新效率影响的空间计量研究［J］.贵州财经大学学报，2015（2）：74-83.

[171] 王仁文.基于绿色经济的区域创新生态系统研究［D］.合肥：中国科学技术大学，2014：39-51.

[172] 王伟，孙芳城.高技术产业三阶段创新效率变动研究——基于内部非期望产出的SBM模型与EBM模型［J］.科技进步与对策，2018，35（3）：67-71.

[173] 王炜，张豪，王丰.信息基础设施、空间溢出与城市全要素生产率［J］.经济经纬，2018，35（5）：44-50.

[174] 王晓茜.我国各省（市）区域创新能力分析——基于大学学科水平的视角［J］.现代教育科学，2018（11）：27-34.

[175] 王裕瑾，于伟.我国省际创新全要素生产率收敛的空间计量研究［J］.山东大学学报（哲学社会科学），2017（1）：43-49.

[176] 王裕瑾，于伟.我国省际绿色全要素生产率收敛的空间计量研究［J］.南京社会科学，2016（11）：31-37.

[177] 王志刚，龚六堂，陈玉宇.地区间生产效率与全要素生产率增长率分

解（1978—2003）[J].中国社会科学，2006（2）：55-67.

[178] 王志刚.质疑中国经济增长的条件收敛性[J].管理世界，2004（3）：26-31.

[179] 魏后凯.现代区域经济学[M].北京：经济管理出版社，2006：343-360.

[180] 魏婕，任保平.中国各地区经济增长质量指数的测度及其排序[J].经济学动态，2012（4）：29-35.

[181] 魏敏，李书昊.新常态下中国经济增长质量的评价体系构建与测度[J].经济学家，2018（4）：19-26.

[182] 魏阙，戴磊.吉林省区域创新能力评价指标体系研究[J].科研管理，2015（S1）：24-30.

[183] 魏守华，吴贵生，吕新雷.区域创新能力的影响因素——兼评我国创新能力的地区差距[J].中国软科学，2010（9）：76-85.

[184] 魏下海，王岳龙.城市化、创新与全要素生产率增长——基于省际面板数据的经验研究[J].财经科学，2010（3）：69-76.

[185] 魏下海.人力资本、空间溢出与省际全要素生产率增长——基于三种空间权重测度的实证检验[J].财经研究，2010（12）：96-106.

[186] 吴超鹏，唐菂.知识产权保护执法力度、技术创新与企业绩效——来自中国上市公司的证据[J].经济研究，2016（11）：125-139.

[187] 吴川.中国财政支出对全要素生产率影响研究[D].昆明：云南财经大学，2017：27-45.

[188] 吴晓飞.政策性因素与区域创新能力研究[D].济南：山东大学，2016：9-35.

[189] 吴新中，邓明亮.技术创新、空间溢出与长江经济带工业绿色全要素生产率[J].科技进步与对策，2018（9）：50-58.

[190] 吴雨.环境规制、自主创新与重庆市工业绿色全要素生产率增长——基于行业异质性的实证研究[J].经济研究导刊，2018（9）：44-47.

[191] 伍格致, 游达明. 环境规制对技术创新与绿色全要素生产率的影响机制：基于财政分权的调节作用[J]. 管理工程学报, 2019（1）：37-50.

[192] 武义青, 陈俊先. 绿色全要素生产率测定的一种新方法——以河北省11个设区市工业为例[J]. 河北经贸大学学报, 2018（2）：12-16.

[193] 武义青. 经济增长质量的度量方法及其应用[J]. 管理现代化, 1995（5）：32-34.

[194] 向永辉, 曹旭华. 创新绩效角度的战略性新兴产业发展实证研究——以新能源产业为例[J]. 商业经济与管理, 2014（3）：33-39.

[195] 肖红叶, 李腊生. 我国经济增长质量的实证分析[J]. 统计研究, 1998（4）：8-14.

[196] 谢伟伟, 邓宏兵, 王楠. 地理邻近与技术邻近对区域创新的空间溢出效应研究[J]. 华东经济管理, 2019（7）：63-69.

[197] 熊彼特. 经济发展理论[M]. 何畏, 易家详, 张军扩, 等译. 北京：商务印务馆, 1990：123-153.

[198] 熊远光. 基于创新视角的中小企业竞争力研究[J]. 生产力研究, 2009（18）：131-133.

[199] 徐彬, 吴茜. 人才集聚、创新驱动与经济增长[J]. 软科学, 2019, 33（1）：19-23.

[200] 徐文舸, 刘洋. 我国地区经济增长收敛的动态变化：1978—2017年[J]. 贵州财经大学学报, 2019（5）：5-15.

[201] 徐现祥, 李书娟, 王贤彬, 等. 中国经济增长目标的选择：以高质量发展终结"崩溃论"[J]. 世界经济, 2018, 41（10）：3-25.

[202] 徐学敏. 发展经济 重在质量[J]. 财经问题研究, 1998（12）：10-12.

[203] 许和连, 亓朋, 祝树金. 贸易开放度、人力资本与全要素生产率：基于中国省际面板数据的经验分析[J]. 世界经济, 2006（12）：3-10.

[204] 许淑婷. 中国能源生态效率的时空演变与影响因素研究[D]. 大连：

辽宁师范大学，2016：20-92.

[205] 许召元，李善同.近年来中国地区差距的变化趋势［J］.经济研究，2006（7）：106-116.

[206] 严成樑.社会资本、创新与长期经济增长［J］.经济研究，2012（11）：48-60.

[207] 杨代刚.制度环境与区域科技创新能力的关系研究［D］.大连：东北财经大学，2013：9-34.

[208] 杨凡，杜德斌，林晓.中国省域创新产出的空间格局与空间溢出效应研究［J］.软科学，2016，30（10）：6-10.

[209] 杨明海，张红霞，孙亚男，等.中国八大综合经济区科技创新能力的区域差距及其影响因素研究［J］.数量经济技术经济研究，2018（4）：3-19.

[210] 杨伟，戚安邦，杨玉武.企业技术创新主体性程度的区域差异及其对区域创新能力的影响［J］.经济地理，2008（6）：61-65.

[211] 叶阿忠，陈生明，陈晓玲.空间溢出视角下人才跨国外流与技术创新——基于半参数面板空间滞后模型［J］.科技进步与对策，2014（21）：149-154.

[212] 叶静怡，林佳.创新与企业全要素生产率——来自中国制造业企业的证据［J］.学习与探索，2016（5）：105-111.

[213] 叶祥松，刘静.异质性研发、政府支持与中国科技创新困境［J］.经济研究，2018（9）：116-132.

[214] 叶宗裕.关于多指标综合评价中指标正向化和无量纲化方法的选择［J］.浙江统计，2003（4）：25-26.

[215] 易伟义，余博.以资源节约为导向的区域创新系统重构研究［J］.科技进步与对策，2011（14）：41-44.

[216] 尹秀，刘传明.环境规制、技术进步与中国经济发展——基于DMSP/OLS夜间灯光校正数据的实证研究［J］，财经论丛，2018（9）：106-

112.

[217] 于国民.对外贸易、人力资本积累与劳动生产率变动研究[D].沈阳:辽宁大学,2019:23-55.

[218] 于志军.创新价值链视角下高校科技创新效率研究[D].合肥:合肥工业大学,2016:109-131.

[219] 袁宝龙,李琛.环境规制政策下创新驱动中国工业绿色全要素生产率研究[J].产业经济研究(双月刊),2018(5):101-113.

[220] 袁晓玲,班斓.中国经济增长的动力转换与区域差异——基于包含资源、环境的非参数核算框架的经济增长分解[J].陕西师范大学学报(哲学社会科学版),2017(3):49-60.

[221] 岳立,李娇娇.所有制结构对中国城市绿色全要素生产率的影响研究——基于DEA-Tobit模型[J].河北地质大学学报,2019,42(3):92-97.

[222] 曾刚,林兰,樊鸿伟.论技术扩散的影响因子[J].世界地理研究,2006(1):3-10.

[223] 曾起艳,曾寅初,王振华.全要素生产率提升中"结构红利假说"的非线性检验——基于285个城市面板数据的双门限回归分析[J].经济与管理研究,2018,39(9):29-40.

[224] 詹新宇,崔培培.中央对地方转移支付的经济增长质量效应研究——基于省际面板数据的系统GMM估计[J].经济学家,2016(12):14-21.

[225] 张春红.人力资本、研发投入对区域创新能力的影响[J].统计与决策,2019(18):183-186.

[226] 张帆.金融发展影响绿色全要素生产率的理论和实证研究[J].中国软科学,2017(9):154-167.

[227] 张化尧,王赐玉.国际技术扩散:基于TFP的多渠道外溢分析[J].科研管理,2012(10):19-27.

［228］张骞.互联网发展对区域创新能力的影响及其机制研究［D］.济南：山东大学，2019：18-54.

［229］张建华，李先枝.政府干预、环境规制与绿色全要素生产率——来自中国30个省、市、自治区的经验证据［J］.商业研究，2017（10）：162-170.

［230］张来武.科技创新驱动经济发展方式转变［J］.中国软科学，2011（12）：6-10.

［231］张立军，袁能文.线性综合评价模型中指标标准化方法的比较与选择［J］.统计与信息论坛，2010，25（8）：10-15.

［232］张玲漪，冷民，罗珺文.北京对其他省市技术创新扩散强度的影响因素［J］.中国科技论坛，2017（9）：133-139.

［233］张鹏.交易效率与经济增长质量的关系研究［D］.西安：西北大学，2011：21-49.

［234］张天译.中国区域创新能力比较研究［D］.长春：吉林大学，2017：19-61.

［235］张卫华，赵铭军.指标无量纲化方法对综合评价结果可靠性的影响及其实证分析［J］.统计与信息论坛，2005（3）：33-36.

［236］张予川，石雨晴.长江经济带创新驱动全要素生产率分析［J］.经济与管理，2016，38（9）：70-73.

［237］张宇，郭万山.中国经济新常态下省际经济差距收敛性研究［J］.统计与决策，2017（24）：113-116.

［238］张玉双.对外开放、经济增长对本土创新能力影响的分析——以广西为例［J］.钦州学院学报，2014，29（2）：18-23.

［239］张占仁.创新空间溢出的差异影响研究述评［J］.经济地理，2012，32（11）：34-37.

［240］张治栋，秦淑悦.产业集聚对城市绿色效率的影响——以长江经济带108个城市为例［J］.城市问题，2018（7）：48-54.

[241] 张紫璇, 赵丽萍. 各省科技金融发展、技术创新水平与经济增长的门限效应分析——基于2000—2015年的省际面板数据 [J]. 科技管理研究, 2018, 38 (5): 93-98.

[242] 张座铭, 宋丽萍. 区域创新系统运行机制及能力提升路径 [J]. 商业时代, 2014 (33): 136-137.

[243] 章立军. 创新环境、创新能力及全要素生产率——基于省际数据的经验证据 [J]. 南方经济, 2006 (11): 43-56.

[244] 章雅婷. 中国城市创新空间溢出效应的实证研究 [D]. 杭州: 浙江工商大学, 2015: 33-52.

[245] 赵春雨. 生产率增长、要素重置与中国经济增长质量研究 [D]. 西安: 西北大学, 2012: 30-61.

[246] 赵家章, 宗晓华. 全要素生产率、增长差异与区域经济收敛 [J]. 开发研究, 2009 (1): 68-71.

[247] 赵良仕, 孙才志, 郑德凤. 中国省际水资源利用效率与空间溢出效应测度 [J]. 地理学报, 2014, 69 (1): 121-133.

[248] 赵英才, 张纯洪, 刘海英. 转轨以来中国经济增长质量的综合评价研究 [J]. 吉林大学社会科学学报, 2006 (3): 29-37.

[249] 赵昱. 创新资源国际流动格局、过程及对中国自主创新的影响 [D]. 上海: 华东师范大学, 2014: 33-57.

[250] 甄峰, 黄朝永, 罗守贵. 区域创新能力评价指标体系研究 [J]. 科学管理研究, 2000, 18 (6): 5-8.

[251] 郑琳琳. 三大技术创新主体科技成果与经济增长关系研究——基于国家创新体系与VAR模型的实证分析 [J]. 科技进步与对策, 2016 (2): 38-45.

[252] 郑玉韵. 全要素生产率的再认识——用TFP分析经济增长质量存在的若干局限 [J]. 数量经济技术经济研究, 2007 (9): 3-11.

[253] 中国科技发展战略研究小组. 中国区域创新能力报告 (2001) [M].

北京：中共中央党校出版社，2002：40-60.

[254] 中国科学院.科技革命与中国的现代化［M］.北京：科学出版社，2009：115-134.

[255] 周国富，兰宇宁.空间集群、知识溢出与区域经济增长差异——基于城市视角的空间计量分析［J］.工业技术经济，2012（3）：31-39.

[256] 周国富，申博，李瑶.中国经济的真实收敛速度——基于模型方法的改进［J］.商业经济与管理，2015（1）：88-97.

[257] 周国富，吴丹丹.各省区文化软实力的比较研究［J］.统计研究，2010，27（2）：7-14.

[258] 周国富，夏祥谦.中国地区经济增长的收敛性及其影响因素——基于黄河流域数据的实证分析［J］.统计研究，2008（11）：3-8.

[259] 周国富，熊宇航，王晓宇.经济全球化、社会全球化与各省市经济增长——基于空间面板数据模型的实证检验［J］.统计与信息论坛，2019，34（11）：26-34.

[260] 周国富，张春红.区域创新能力与全要素生产率的空间计量研究［J］.华东经济管理，2019，33（6）：61-68.

[261] 周慧.中部地区城镇化对经济效率的空间溢出效应研究［D］.北京：中央财经大学，2017：20-44.

[262] 周密.技术空间扩散理论的发展及对我国的启示［J］.科技进步与对策，2010（6）：7-10.

[263] 周五七.长三角工业绿色全要素生产率增长及其驱动力研究［J］.经济与管理，2019（1）：36-42.

[264] 周艳霞.中国城市经济增长质量时空演进研究［D］.广州：华南理工大学，2017：18-66.

[265] 朱承亮，刘瑞明，王宏伟.专利密集型产业绿色创新绩效评估及提升路径［J］.数量经济技术经济研究，2018（4）：61-79.

[266] 朱金鹤，王雅莉.创新补偿抑或遵循成本？污染光环抑或污染天

堂? ——绿色全要素生产率视角下双假说的门槛效应与空间溢出效应检验 [J]. 科技进步与决策, 2018 (10): 46-54.

[267] 祝志川. 基于变异系数 –G1 法的混合交叉赋权方法 [J]. 统计与决策, 2017 (12): 78-81.

[268] 庄福民, 刘金全, 王锦功. 经济增长收敛性假说的量化与评析 [J]. 数量经济技术经济研究, 1999 (6): 76-78.

[269] 邹彩芬, 刘双, 谢琼. 市场需求、政府补贴与企业技术创新关系研究 [J]. 统计与决策, 2014 (9): 179-182.

[270] 邹圆. 中国产业结构变迁对经济增长质量影响研究 [D]. 重庆: 重庆大学, 2016: 22-51.

[271] Anselin L. Spatial Econometrics: Methods and Modles [M]. Boston: Kluwer Academic, 1988: 10-15.

[272] Archibugi D, Cohendet P, Kristensen A, et al. Evaluation of the Community Innovation Survey (CIS) –phase 1 [M]. Denmark: Aalborg University, 1995: 10-14.

[273] Asheim B, Gertler M. Understanding Regional Innovation Systems, Handbooks of Innovation [C]. Oxford: Oxford University Press, 2004.

[274] Autant-Bernard C. Spatial Econometrics of Innovation: Recent Contributions and Research Perspectives [J]. Spatial Economic Analysis, 2012, 7 (4): 403-419.

[275] Banerjee R, Roy S. Human Capital, Technological Progress and Trade: What Explains India's Long Run Growth? [J]. Journal of Asian Economics, 2014, 13 (30): 23-37.

[276] Barro R J, Mankiw G N, Martin X S. Capital Mobility in Neoclassical Growth Models [J]. American Economic Review, 1995 (85): 103-115.

[277] Barro R J, Sala-I-Martin X. Convergence Across States and Regions [J]. Brookings Papers on Economic Activity, 1991, 22 (1): 107-158.

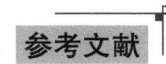

[278] Barro R J, Sala-I-Martin X.Convergence [J] . Journal of Political Economy, 1992 (100): 223-251.

[279] Barro R J.Inequality and Growth in a Panel of Counties [J] . Journal of Economic Growth, 2000, 5 (1): 5-32.

[280] Baumol W J, Wolff E N.Productivity Growth, Convergence and Welfare: Reply [J] . American Economic Reviews, 1988, 78 (5): 1155-1159.

[281] Baumol W.Productivity Growth, Convergence and Welfare: The Long-run Data Show [J] . American Economic Reviews, 1986 (76): 1072-1085.

[282] Bernard A B, Jones C I.Technology and Convergence [J] . Economic Journal, 1996, 106 (437): 1037-1044.

[283] Bronzini R, Piselli P. Determinants of Long-run Regional Productivity with Geographical Spillovers: The Role of R&D, Human Capital and Public Infrastructure [J].Regional Science and Urban Economics, 2009, 39(2): 187-199.

[284] Charnes A, Roussea J J, Semple J H. Sensitivity and Stability of Efficiency Classification in Data Envelopment Analysis [J] . Journal of Productivity Analysis, 1996 (7): 5-18.

[285] Chung Y H, Fare R, Grosskopf S.Productivity and Undesirable Outputs: A Directional Distance Function Approach [J] . Journal of Environmental Management, 1997 (51): 229-240.

[286] Coe D, Helpman E.International R&D Spillovers [J] .European Economic Review, 1995 (39): 859-887.

[287] Cooke P, Heidenreich B.Regional Innovation System: The Role of Governances in the Globalized World [M] .London: UCL Press, 1996: 13-18.

[288] Cooke P.Regional Innovation Systems: Competitive Regulation in the New Europe [J] . Geoforum, 1992, 23 (3): 365-382.

[289] De Long J B.Productivity Growth, Convergence and Welfare: Comment [J].American Economic Review, 1988 (78): 1138-1154.

[290] Eaton J, Kortum S.International Patenting and Technology Diffusion: Theory and Measurement [J]. International Economic Review, 1999(40): 537-570.

[291] Eaton J, Kortum S.Trade in Ideas: Patenting and Productivity in the OECD [J].Journal of International Economics, 1996 (40): 251-278.

[292] Elhorst J P. Spatial Panel Data Models [M] //Fischer M, Getis A. Handbook of Applied Spatial Analysis. Berlin: Springer, 2010.

[293] Falck O, Heblich S, Kipar S.Industrial Innovation: Direct Evidence from a Cluster-oriented Policy [J]. Regional Science and Urban Economics, 2010, 40 (6): 574-582.

[294] Gallie E, Legros D. Firms' Human Capital, R&D and Innovation: A Study on French Firm [J]. Empirical Economics, 2012, 43 (2): 11-25.

[295] Grossman G, Helpman E. Quality Ladders in the Theory of Growth [J]. Review of Economic Studies, 1991, 58 (1): 43-61.

[296] Guastella G, Van Oort F G. Regional Heterogeneity and Interregional Research Spillovers in European Innovation: Modelling and Policy Implications [J].Regional Studies, 2015, 49 (11): 1772-1787.

[297] Hansen B E.Sample Splitting and Threshold Estimation [J].Econometrica, 2000, 68 (3): 575-603.

[298] Hu G, Jefferson G.FDI, Technological Innovation, and Spillover: Evidence from Large and Medium Size Chinese Enterprises, mimeo [M]. Waltham, MA: Brandeis University, 2001.

[299] Inversen E. Science, Technology and Innnovation Indicators—Guide for Policymakers [M]. IDEA Report 5, STEP Group Oslo, 1998: 11-14.

[300] Jaffe A B, Trajtenberg M, Henderson R.Geography Localization of

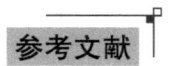

Knowledge Spillovers as Evidenced by Patent Citations [J].Quarterly Journal of Economics, 1993 (108): 576–598.

[301] Keller W. International Technology Diffusion [J]. Journal of Economic Literature, 2004 (42): 752–782.

[302] Keller W.Geographic Localization of International Technology Diffusion [J]. American Economic Review, 2002 (92): 120–142.

[303] Kline S, Rosenberg N. An Overview of Innovation [M] // Landau R.The Positive Sum Stratergy: Harnessing Technology for Economic Growth. Washington: National Academy Press, 1986: 14–16.

[304] Lesage J, Pace R. Introduction to Spatial Econometrics [M].New York: CRC Press, 2009: 10–13.

[305] Loof H, Heshmati A.On the Relationship Between Innovation and Performance: A Sensitivit Analysis [J]. Economics of Innovation and New Technology, 2004 (13): 2.

[306] Lucas R E.On the Mechanics of Economic Development [J]. Journal of Monetary Economics, 1988 (22): 3–42.

[307] Mankiw N G, Romer D, Weil D N.A Contribution to the Empirics of Economic Growth [J]. Quarterly Journal of Economics, 1992 (5): 407–437.

[308] Moreno R, Paci R, Usai S.Spatial Spillovers and Innovation Activity in European Regions [J].Environment and Planning A, 2005 (3): 1793–1812.

[309] OECD.Innovation Manual: Proposed Guidelines for Collecting and Interpreting Innovation Data (Oslo Manual) [M].Paris: OECD, Directorate for Science, Technology and Industry, 1992: 7–14.

[310] OECD.Science, Technology and Industry Scoreboard 2001: Towards Knowledge-based Economics [M]. Paris: OECD, 2001: 5–11.

[311] OECD.Science, Technology and Industry Scoreboard 1999: Benchmarking Knowledge-based Economics [M]. Paris: OECD, 1999: 5-9.

[312] Porter M, Stern S. Measuring the Ideas Production Function: Evidence from International Patent Output [R]. NBER Working Paper, 2000.

[313] Riddle M, Schwer R K.Regional Innovative Capacity with Endogenous Employment: Empirical Evidence from the U.S. [J]. The Review of Regional Studies, 2003, 33 (1): 73-84.

[314] Romer P M.Endogenous Technological Change [J]. Journal of Political Economy, 1990, (5): 71-102.

[315] Romer P M.Increasing Returns and Long-run Growth [J]. Journal of Political Economy, 1986 (5): 1002-1037.

[316] Simon C J, Nardinelli C. Human Capital and the Rise of American Cities 1900-1990[J]. Regional Science and Urban Economics, 2002, 32 (1): 59-96.

[317] Solow R.A Contribution to the Theory of Economic Growth [J].Quarterly Journal of Eeonomics, 1956 (70): 65-94.

[318] Solow R.Technical Change and the Aggregate Production Function [J]. Review of Economics and Statistics, 1957, 39 (3): 312-320.

[319] Tether B.Who Cooperates for Innovation and Why: An Empirical Analysis [J].Research Policy, 2002, 31 (6): 947-967.

[320] Tientao A, Legros D, Pichery M C.Technology Spillover and TFP Growth: A Spatial Durbin Model [J]. International Economics, 2016, 145 (5): 21-31.

[321] Trahtenberg M, Henderson R, Jaffe A.University Versus Corporate Patents: A Window on the Basicness of Invention [J]. Economics of Innovation and New Technology, 1997, 5 (1): 19-50.

[322] Tsionas E G.Regional Growth and Convergence: Evidence from the United

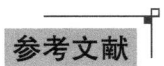

States [J]. Regional Studies, 2000 (34): 231-238.

[323] Van Leeuwen G, Klomp L.On the Contribution of Innovation to Multifactor Productivity [J]. Economics of Innovation and New Technology, 2004 (13): 1.

[324] Verspagen B.Endogenous Innovation in Neo-classical Growth Models: A Survey [J]. Journal of Macroeconomics, 1992, 43 (3): 631-662.

[325] World Economic Forum.The Global Competitiveness Report 2018 [R]. Switzerland: WEF Publishing, 2018 (41): 632.

[326] Zhang C, Jin K.Effect of Equity in Education on the Quality of Economic Growth: Evidence from China [J]. International Journal of Human Sciences, 2010, 7 (1): 47-69.

后 记

在本书的尾声，笔落纸上的瞬间，心中充满了难以言喻的复杂情感。撰写的过程，对我而言，不仅仅是一段学术探索之旅，更是一次心灵的洗礼与成长的见证。

回望过去的岁月，从最初的灵感闪现到如今的成书问世，其间经历了无数次的推翻与重建，无数次的自我质疑与超越。每一章节的撰写，都是对既有知识边界的拓展，也是对自我能力极限的挑战。在这个过程中，我深刻体会到学术研究的艰辛与快乐，它们如同硬币的两面，不可分割。

首先，我要向我的导师周国富教授致以最深的感激。正是您的悉心指导与严格要求，为我的学术之路铺设了坚实的基石。同时，感谢天津财经大学统计学院所有老师和同学的无私帮助与智慧碰撞，没有你们，这本书将无法如此丰富与完整。感谢企业管理出版社编辑老师的耐心编校，你们的专业素养是本书质量的保证。最后，感谢家人一直以来的理解与鼓励，你们是我坚持到底的动力源泉。

本书虽力求全面深入，但在某些方面或许仍有未尽之处。我对研究中还存在未能触及的角落而感到遗憾，同时也期待未来能有更多学者在此基础上进行深化与拓展。

本书的完成不是终结，而是新的开始。它标志着我在这一领域探索的阶段性总结，也为后续研究开启了新的方向。我真诚地希望《创新能力与区域

后 记

经济增长质量》一书能够激发更多学者的兴趣与思考,共同推动该领域的进步与发展。

  由于个人能力有限,本书难免有错漏之处,希望读者批评指正。

张春红

2024 年 2 月